21 DÍAS ORANDO POR
MI MATRIMONIO

CARMEN ARIAS
PROLOGO: DR. SERGIO ANAYA
Y LIC. CLAUDIA ANAYA

⌐ASA DE FE
Iglesia

Recomendación para tomar el reto:

Este reto fue hecho en conjunto con una serie de videos a manera de devocional los cuales podrás encontrar en Youtube y Facebook. Estos videos serán un complemento perfecto para llevar a cabo el reto de oración de 21 días.

www.youtube.com/CarmenArias
www.facebook.com/pastoracarmenarias1
www.facebook.com/pastoracarmenarias1

Dedicatoria

Es una gozo poder compartir este proyecto de oración a travez de estas paginas. Agradecida con Dios por permitirnos ser parte de este tiempo de oración para los matrimonios. Señor tú eres el centro de los matrimonios. Gracias por enseñarme tanto y por amarme y amar nuestro matrimonio.

A mi amado esposo: Mi amado Humberto, Gracias por tu apoyo para este proyecto, por tu amor y cuidado tan único, gracias por cada gesto de ternura y por tu hermoso corazón, en estos 34 años Dios nos ha sostenido.

Beto y Brigit: Dios los unió con un especial amor, hay propósito y grandeza en sus vidas. Les he visto crecer en todas las áreas, como esposos y padres. Dios bendiga grandemente sus vidas y legado.

Gracias por darnos la dicha de ser abuelos de Camila y Natalia.

Abraham y Euni : Su matrimonio es una inspiración para quienes les conocen, han sido fieles a su llamado para pastorear su Iglesia. Dios los sorprenderá con toda clase de bendición. Gracias por estos bellos nietos. Pablo y Esteban son un gran regalo a nuestra vida.

Rodrigo y Elisabeth: Inician una vida como matrimonio, nos emociona ver este comienzo de lo mucho que Dios hará en sus vidas. Sean siempre sorprendidos por su favor y gracias.

A cada matrimonio que Dios nos ha permitido mentorear, enseñar y ministrar, agradecemos por lo que Dios esta haciendo en sus vidas.

Estoy expectante de lo que Dios va a traer de bendición a cada matrimonio que se disponga a orar durante este reto. Es mi anhelo verles disfrutar la restauración y el cumplimiento de sus promesas.

Indice

Testimonio

Querida Pastora Carmen Arias.

Este mes se cumplió un año de haber tenido la bendición de participar, por primera vez, en el taller "**21 días orando por mi matrimonio.**" Su ministerio ha hecho tanto en mi vida, la de mi esposo, la de nuestra familia y mi ministerio.

Como les dije cuando tuve la oportunidad de conocerla por medio del ministerio de "Las Amadas del Eterno" de la República Dominicana, por siempre le estaré agradecida porque si yo no encuentro su ministerio y decido formar parte del taller de "21 Días orando por Mi matrimonio" no se dónde estuviéramos hoy.

Se que mi devoción con Dios y mi fe siempre han sido fuertes. Pero había tantas cosas que tenían que ser cambiadas y renovadas. Ya que, antes de este taller, yo justificaba mi comportamiento. Pero después de este maravilloso taller. Mi vida y la de nuestro matrimonio ha dado un giro por completo.

Decidí compartirle este token de apreciación, Ya que somos de carne y huesos. Y tenemos sentimientos. Este ministerio salvo mi matrimonio, en un momento donde yo estaba lista para tirar la toalla, por medio de las oraciones de 21 días para mi matrimonio, personas que nos conocen de hace muchos años, nos preguntan que como es posible que nosotros nos dimos la oportunidad de creer lo que la palabra de Dios nos manda a hacer. Y yo les respondo que esto sucedió con la ayuda de Jesús y el ministerio de la hermanas Nelly Coleman y la Pastora Carmen Arias.

Mi matrimonio fue uno de los salvados. Para la gloria y honra de nuestro Dios. Pastora Arias, gracias por ser una de las familias que han seguido los pasos de Jesús en todos los aspectos de sus vidas y por guiarnos a establecer mejor comunicación, vencer el orgullo, a perdonar porque ya había sido perdonada, y tener esperanza en toda circunstancia entre otros.

Jenny Rodríguez

Prologo

Cuando a Jesús le preguntaron porque Moisés permitió dar carta de divorcio al cónyuge por cualquier cosa, el contesto que así no era al principio y que el divorcio es resultado de la dureza del corazón del hombre.

Esto representa que cuando un corazón se endurece por causa del orgullo o las heridas acumuladas a lo largo de los años corre el riesgo en cualquier momento de detonar en una ruptura o separación, aunque aparentemente no haya nada grave. El matrimonio para que funcione tiene que ser de tres y no de dos cómo normalmente lo vemos. El cordón de tres dobleces es el que no se rompe pronto.

Pero el tener a Dios en nuestro matrimonio no nos exime de la necesidad de reconocer que diariamente vamos construyendo una relación sobre la roca que es Jesucristo y que es quien nos ayuda a vencer cualquier viento o tempestad que pudiera venir sobre nosotros.

La oración se convierte en algo fundamental para que un matrimonio se vaya conformando al plan y propósito de Dios para los cual fuimos creados y unidos.

Se ha comprobado que un matrimonio que tiene la sana costumbre de orar diariamente juntos, tomados de la mano y buscando a Dios para que les ayude., tiene un 85 por ciento menos de posibilidades de caer en el divorcio. No nos esperemos hasta que haya una crisis para reconocer que no podemos solos y que Dios tiene el interés en ayudarnos a ir construyendo una relación fuerte independientemente del tiempo que tengamos casados.

Jesús nos habló del poder del acuerdo, y del efecto que este tendría en la respuesta celestial cualquiera que fuere nuestra petición, es por eso que el matrimonio unido por medio de la oración se convierte en un tremendo impacto de fruto y bendición y es por eso que el enemigo hará hasta lo imposible por evitar que podamos hacerlo.

Estoy seguro que este libro o devocional diario Reto de 21 días de oración por mi matrimonio, será una herramienta extraordinaria para comenzar a implementar estos principios que acabamos de mencionar, un gran punto de partida para llevar nuestro matrimonio a una dimensión diferente de gozo y paz.

Humberto y Carmen son un matrimonio que al pasar de los años han podido ver que las diferencias nos unen y que inclusive nos complementan para ser una entidad más fuerte que sí estuviéramos solos.

Su vida, familia, ministerio nos bendicen tanto porque vemos la gracia y favor de Dios sobre ellos, pero sobre todo el corazón y la transparencia que se requiere para hablar con autoridad de este tema.

Oramos a Dios para que esta herramienta sea usada por el para tocar vidas, corazones y matrimonios valientes para avanzar en esta aventura de permanecer juntos bajo la cobertura de Dios y su presencia

Dr. Sergio y Claudia Anaya

Directores Red Amistad y Familia

"El matrimonio es un proyecto común que tenemos que ir creando día a día. En ese proceso, nuestro enfoque debe estar centrado en las soluciones y no en los problemas."

Pastora Carmen Arias

Introducción.

En estos tiempos es muy necesaria la oración para el éxito del matrimonio. La verdad es que no hay proyecto mas importante que pudiéramos emprender como el matrimonio. Y no hay mejor victoria en Dios que un matrimonio que es restaurado y transformado. Los matrimonios exitosos no son producto de la casualidad, se tiene que tomar tiempo y esfuerzo para lograrlo, reconociendo que esto es imposible en la propia fuerza de voluntad de los cónyuges y es necesaria la gracia de Dios para lograrlo.

Durante esta temporada hemos visto muchos matrimonios sufrir estragos en su relación a causa de la falta de una genuina relación con Dios.

"Y me dieron a cuidar una viña y mi viña que era mía no cuide" - Cantares 1:6

Cuantas veces no nos vemos envueltos en actividades y afanes y dejamos poco tiempo para cuidar la relación más importante después de la relación con Dios que es el matrimonio.

Pensando en guiar a los matrimonios en oración para su vida plena, este reto fue preparado para que pudieras orar por tu matrimonio en las diferentes etapas del mismo.

Abróchate el cinturón porque estos 21 días serás retado a seguir avanzando, aun cuando a veces no veas nada. Aprenderás a orar de una manera diferente, a ver en fe lo que nuestros ojos naturales no alcanzan a ver, este tiempo es una invitación a caminar en fe y no por vista.

Durante este reto seremos transformados desde nuestro interior y veremos cómo nuestra manera de orar ha cambiado.

Te animo a continuar sin claudicar y a perseverar. Prepárate para no retroceder y continuar sin desmayar.

Pueden tomar este reto juntos, pero de no ser posible empieza tú solo. También este reto puedes llevarlo a cabo independientemente de tu estado civil ya que este reto te enseñara grandes principios acerca del matrimonio.

Te recomiendo el poner una hora específica para orar durante este reto. El propósito será que tengas un hábito saludable de oración.

Estos 21 días serán de mucha bendición, estas tomando una importante decisión al orar por tu matrimonio.

Agradezco de antemano tu participación y esfuerzo. Es una completa bendición el poder compartir este reto contigo.

Gracias por aceptar el reto. Que en estos 21 días Dios hable directamente a tu vida.

Bendiciones.

Carmen Arias

"Uno solo puede ser vencido, pero dos pueden resistir. ¡La cuerda de tres hilos no se rompe fácilmente!

Eclesiastés 9:12

1

Orando por la bendición de mi matrimonio.

"Si el Señor no edifica la casa, en vano trabaja los que la edifican, si el Señor no guarda la ciudad, en vano vigila la guardia." - Salmo 127:1

Tras 33 años de matrimonio y como pastores 12 años, algunos años mas trabajando con matrimonios, hemos sido testigos de muchas bodas, de cada preparativo y de ver la ilusión de los novios.

Los votos matrimoniales nos estremecen cuando escuchamos prometerse uno al otro, que continuaran, en abundancia o escasez, y en enfermedad o salud.

Desearía con todo mi corazón que nunca tuvieran que enfrentar esa parte de la enfermedad y la escasez, pero a decir verdad será inevitable pasar por los problemas en el matrimonio. En esta realidad de saber que tu matrimonio deberá tener un ingrediente clave que es la oración.

No es nuestra oración sino el poder de Dios el que interviene, No temas si crees que no sabes cómo orar, en este tiempo aprenderemos como hacerlo.

Principio de oración

En el matrimonio la oración será una herramienta clave para el fortalecimiento de tu matrimonio. Sin importar si eres principiante en la oración, o has llevado una vida constante de oración, te animo a ser intencional en la oración. A creerle a Dios. A tener fe.

"Antes de que me pidas ayuda, yo le responderé, no habrán terminado de hablar cuando yo les habré escuchado." - Isaías 65:24

Oraremos con mucho entendimiento, siempre he creído que la oración no es un rómpase en caso de incendio. No debería ser el último recurso, no es que la usemos cuando ya no hay remedio y digas, bueno supongo que, en este momento de mi vida, solo me queda orar.

La oración debe ser lo primero en nuestra vida, en nuestra relación con Dios y nuestro matrimonio.

En 1 de Corintios 13:4-7 nos dice la palabra "El amor es sufrido, todo lo cree, todo lo espera y todo lo soporta"

Así que debemos tomar fuerza y saber que pase lo que pase, esperaremos lo mejor, creeremos lo mejor y nuestra oración será en este sentido de comprender que Dios quiere bendecir mi matrimonio.

¿Cuánto hace que no oras por tu matrimonio?

Será tiempo de retomarlo. Con fe, con perseverancia, con amor, con esperanza. Confiando que el corazón de Dios es este, la familia, el matrimonio.

Empecemos pidiendo bendición para nuestro matrimonio sin importancia la circunstancia en la que estés viviendo. O la etapa en la que te encuentres en el matrimonio.

¿Sientes la necesidad de orar más fervientemente por tu matrimonio, pero no estas segura dónde empezar?

Empieza así desde donde estés en este momento, así como te sientas posiblemente sin fuerza, la oración funciona, y Dios anhela que le busques en oración.

Especialmente Dios está interesado en que ores por tu matrimonio y por esa persona con la que te has comprometido a pasar tu vida. Así es como funciona este desafío. Todos los días durante los próximos 21 días oraras de una manera específica por ti y tu cónyuge. Invítale a unirse en este reto, pero incluso si él o ella no lo hacen, ¡no dudes en orar por tu cuenta!

Orando por la bendición en mi matrimonio

Probablemente se han cometido muchos errores en nuestro matrimonio y creamos que será muy difícil dar marcha atrás, pero si en este momento, invitas a Dios a tu vida y a tu matrimonio, serás sorprendido como esta decisión tan importante puede transformar tu matrimonio grandemente.

Cuando consagramos nuestra vida a Dios el empezara a traer un cambio a tu vida. Dios bendecirá grandemente todo lo que decidimos consagrarle a él.

Pida perdón si ha fallado, busca a Dios con todo tu corazón y encomienda a él tus pasos.

El matrimonio que Dios ha establecido es con el propósito de reflejar su imagen de manera única.

A mayor imagen de Dios podemos disfrutar nuestra vida en matrimonio de mejor manera.

La bendición sobre nuestro matrimonio describe la forma que Dios nos ve. Es una perspectiva profética para ver la manera que alguien o algo debe ser, no como parecen en ese momento.

Bendecir: Es que el Señor te de todo lo que tiene planeado para ti. Que se cumplan las expectativas de Dios para ti.

¡Si!!! Dios nos llevara en este tiempo a ser transformados y alinearnos con sus principios. Rompamos el silencio. Oremos por nuestro matrimonio y que Dios nos permita recibir toda bendición, y que aprendamos a bendecir aun en medio de cualquier circunstancia adversa.

¡Señor Bendice mi matrimonio!

Versículo para orar

2 Samuel 7:29

> Ten ahora a bien bendecir la casa de tu siervo, para que permanezca perpetuamente delante de ti, porque tú, Jehová Dios, lo has dicho, y con tu bendición será bendita la casa de tu siervo para siempre.

Génesis 1:27-28

> Y creó Dios al hombre a su imagen, a imagen de Dios lo creó; varón y hembra los creó. Y los bendijo Dios, y les dijo: Fructificad y multiplicaos; llenad la tierra, y sojuzgadla, y señoread en los peces del mar, en las aves de los cielos, y en todas las bestias que se mueven sobre la tierra.

Génesis 22:17

> de cierto te bendeciré, y multiplicaré tú descendencia como las estrellas del cielo y como la arena que está a la orilla del mar; y tu descendencia poseerá las puertas de sus enemigos.

Números 6:24-26

> Jehová te bendiga, y te guarde; Jehová haga resplandecer su rostro sobre ti, y tenga de ti misericordia; Jehová alce sobre ti su rostro, y ponga en ti paz.

Tiempo de Oración

Acompáñame a orar de la siguiente manera:

Padre Celestial hoy oramos para que seas tú quien edifique mi hogar y mi matrimonio Señor, tu eres la fuente de bendición a mi matrimonio.

Señor tu palabra dice que no trabajaremos en vano, gracias Señor por ser tú quien edifique mi vida, por ser el invitado especial a mi hogar. Agradezco que me des la herramienta de la oración como mi principal recurso para la edificación de mi matrimonio. En el nombre de Jesús. Amen.

Te animo a no parar después del primer día, persevera, no te des por vencido. Sé que tendrás respuesta de parte de Dios.

Bienvenido al reto.

2

Orando por la salud emocional de mi matrimonio.

"Esta esperanza es un ancla firme y confiable para nuestra alma; nos conduce a través de la cortina al santuario interior de Dios." - Hebreos 6:19

Una de las situaciones difíciles que podemos enfrentar en el matrimonio es el hecho de ignorar cuando el matrimonio está pasando por problemas emocionales que tienen que sanados

¿Cuántas veces estamos preocupados por nuestra salud, y cuántas veces cuando nos sentimos mal no corremos con el médico? Nos tomamos el tiempo para examinarnos, pero nunca nos detenemos examinar el estado de nuestras almas, de nuestras emociones.

Es muy importante el explorar y descubrir cómo vivir la vida saludable y plena que Dios quiere que tengamos.

El inicio de un matrimonio saludable será un alma saludable.

Podemos estar batallando en las circunstancias más dolorosas confusas de nuestra vida, pero si tu alma está sana, tú también estarás sano.

Encontraras la fuerza y la esperanza que necesitas para sortear cualquier tormenta.

"Amado, deseo que seas prosperado en todo, y que tengas salud a la vez que tu alma prospera"
- 3 Juan 1:3

Dios nos ha diseñado con nuestros corazones saludables, aunque a través de nuestro caminar nuestra realidad se queda muy atrás de este ideal.

Al luchar por encontrar la felicidad en el matrimonio podemos reconocer que, en medio del dolor, caos, estamos batallando por encontrar la paz que requerimos.

PÁGINA 30 DE 205

Al permitirle a Dios ser parte de nuestro matrimonio nuestras emociones entonces son ordenadas por el Espíritu Santo.

Y permitirle a Dios que llegue a todo aquello que ha sido afectado.

La sanidad emocional es un proceso de fe, y es donde tenemos que buscar a Dios intencionalmente, aunque sea difícil, aunque tengas que sacar fuerza de flaqueza, sigue enfocado en la oración.

Parte de la sanidad emocional de nuestro matrimonio la encontraremos en nuestra intimidad con Dios. Al someternos a su soberanía rendirnos a su voluntad.

Especialmente cuando por alguna razón nuestro matrimonio ha sido fracturado por algunas heridas. Nuestra alma necesita aprender a depender de Dios cada día mas.

Si en nuestra vida matrimonial no buscamos esa dependencia de Dios y tratamos de depender de nuestro cónyuge no podremos disfrutar de una verdadera sanidad de nuestras emociones.

Dios quiere completar la buena obra que comenzó en nosotros y Él nos ayudara

"Estando persuadido de esto, que el que comenzó la buena obra, la perfeccionará hasta el día de Jesucristo" - Filipenses 1:6

Al orar por nuestro matrimonio y su salud emocional. Procuremos examinarnos y tratar de conocer como te encuentras en este momento respecto a tu alma. Y si encuentro algo que aún no ha sido resuelto es importante correr a su presencia y anclar nuestras emociones a Él.

Si descubrimos algún dolor emocional oremos a Dios, entreguemos todo dolor, toda herida, falta de perdón, cualquier ofensa y que Dios traiga sanidad a nuestro corazón.

"Y el mismo Dios de paz os santifique por completo, que todo vuestro ser, tanto Espíritu, como alma y cuerpo, sea guardado sin mancha hasta que nuestro Señor venga." - 1 Tesalonicenses 5:23

Tal vez en este momento te preguntes si tu matrimonio está demasiado lejos de la perfección quizá haya demasiado dolor que reparar, demasiadas heridas que sanar, demasiados errores que enmendar, demasiada amargura que quitar, demasiados pedazos rotos que unir. Quizá son incontables las cosas por restaurar.

Probablemente estarás pensando. ¿Esto que está muerto, volverá a vivir? Yo te puedo decir que Dios es experto en levantar a los muertos y resucitarlos. La especialidad de Dios es dar vida a lo que está sin vida. Y esto incluye a los matrimonios que parecen no tener remedio.

Dios nos llevara a un punto de imposibilidad para que veamos que a través de Él todo es posible.

Él puede hacer que tu corazón sane, que tu cónyuge sane toda emoción negativa y que puedan como matrimonio experimentar el gozo de una vida plena en Él.

Al orar por tu cónyuge podrás ver un corazón impactado y lleno de amor, ese amor profundo, fuerte, tierno y más especial que nunca.

El inicio de la sanidad del alma en el matrimonio inicia con la oración, además de la recomendación de buscar expertos en terapia matrimonial y psicológica.

Versículos para orar.

Romanos 12:2

> No os conforméis a este siglo, sino transformaos por medio de la renovación de vuestro entendimiento, para que comprobéis cuál sea la voluntad de Dios, buena agradable y perfecta.

Mateo 5:8

> Bienaventurados los de limpio corazón, porque ellos verán a Dios.

1 Pedro 5:2

> Más el Dios de toda gracia, que nos llamó a su gloria eterna en Jesucristo, después que haya padecido un poco de tiempo, el mismo os perfeccione, afirme, fortalezca y establezca.

1 Juan 5:14

> Y esta es la confianza que tenemos en él, que, si pedimos conforme a su voluntad, él nos oye

Tiempo de Oración

Acompáñame a orar de la siguiente manera:

Padre Celestial hoy ponemos en tu mano nuestro matrimonio, trae sanidad a nuestras vidas, quita toda herida, toda amargura, toda falta de perdón. Señor que nuestro matrimonio se relacione de una manera correcta. Te pido que establezcas tu paz en mi matrimonio. Tú quieres que seamos prosperados en todas las cosas y que tengamos salud, así como prospera nuestra alma. Permítenos alcanzar esa total sanidad en nuestros corazones. En el nombre de Jesús. Amen.

Recuerda que parte del plan de Dios para nuestras vidas es la restauración, hacer todo nuevo. Jesús nos hable en una de sus parábolas la siguiente palabra: "Si un vestido viejo se rompe, no se le pone un parche de tela nueva. Porque al lavarse el vestido viejo, la tela nueva se encoge y rompe todo el vestido; y entonces el daño es mayor." (Mateo 9:16 TLA).

La gente tiene la esperanza que Jesús venga y arregle su vieja manera de vivir y su vieja manera de hacer las cosas, sus viejas vidas. Pensamos que eso es restauración. Jesús no viene a arreglar prendas viejas, el viene a ofrecernos un vestido nuevo, vida nueva, un matrimonio nuevo en Él, no repara un matrimonio viejo y oxidado, le vuelva a dar vida, lo repara desde cero.

No lo olvides, Jesús viene a hacer todo nuevo en nuestras vidas, Él no pone parches encima de nuestros sentimientos heridos, el trae un nuevo manto de alegría y vida nueva en nuestro matrimonio.

3

Orando por la unidad del matrimonio.

"¿Andarán dos juntos si no se pusieran de acuerdo?"

- Amos 3:3

El día que dos personas contraen matrimonio es el inicio de una poderosa sociedad por la causa de Cristo. La mayoría de los problemas que se originan en los matrimonios tienen su raíz en el hecho que la visión de los cónyuges para su matrimonio, su familia y su futuro, era diferente.

¿Cuál es el resultado? Que la visión se convierte en división y donde antes había unidad, ahora ya no la hay.

Todo reino dividido contra sí mismo es asolado, un matrimonio donde cada uno va en dirección distinta es agotador. Oremos por la unidad matrimonial, donde seamos uno, y vayamos en misma dirección.

Cuando tu casa, tu familia, matrimonio tienen una visión unificada, un propósito anclado a una causa mayor que el propio bienestar personal, hay más sentido de la estabilidad y la seguridad porque todos saben hacia donde van y tienen un objetivo común.

Cada uno con sus características especiales y únicas pueden aportar una riqueza extraordinaria al matrimonio y potencializar su individualidad al trabajar en unidad por una causa común. Se requerirá morir al "yo" y cambiar el "yo" por el "nosotros", a caminar en el poder del acuerdo por un mejor funcionamiento del matrimonio.

Cuando caminamos en el poder de la unidad podemos aportar cada uno de los cónyuges una gran riqueza sin minimizar los talentos con los cuales somos enriquecidos.

La verdadera unidad no se trata de anular la personalidad del otro. Sino que podemos ver cómo somos complementados el uno con el otro.

Lamentablemente en este mundo tan competitivo, podemos llegar a ver en nuestro matrimonio una competencia entre ambos que nos imposibilita caminar en el poder del acuerdo.

Oremos para que los matrimonios conozcan la unidad verdadera. Oremos por la unanimidad, que seamos de un mismo sentir, estar de acuerdo aun en el desacuerdo y ser uno, abrazando una causa en el matrimonio.

La unidad en el matrimonio hará que seamos una potencia para el reino. Y esa unidad requiere además que no solo tus y tus esposos estén de acuerdo, sino que, al involucrar a Dios en ello, primero que nada, sea Dios de acuerdo en la toma de decisiones

> "Es mejor dos que uno, porque ambos pueden ayudarse mutuamente a lograr éxito. Si uno cae, el otro puede ayudarle; pero el que cae y está solo, ese sí que está en problemas" - Eclesiastés 4: 9-10

Para tener un matrimonio que no solo sobreviva, sino que sea exitoso, sin importar lo que sea, tendrán que ser resueltos de una manera aceptable para ambos. Si los desacuerdos no se resuelven, se volverán más y más profundos. Todos los asuntos de un matrimonio se deben confrontar; ya que por lo general no desaparecen por sí mismos sin que uno de los dos haga un esfuerzo grande. Hay una manera para tratar con los asuntos del matrimonio que no solo impedirá que se hagan más profundos, sino que los sanara y los eliminara por completo y esto es la unidad a la manera de Dios.

En el último tiempo se ha levantado una manera egoísta de ver el matrimonio. Donde el individualismo y el humanismo se han introducido en él. Ya no se está dispuesto a sacrificar nada y egoístamente pensamos que el ceder puede ser una manera de subyugarnos.

La palabra sumisión nos permite ver qué podemos ser parte de la misión del otro y esto nos enriquecerá más como personas y el matrimonio.

No solo basta que con que el uno y el otro estén de acuerdo; necesitamos que Dios también este de acuerdo en nuestra toma de decisiones. La unidad hecha con Dios traerá bendición a tu vida. Si hay un punto donde Dios este en desacuerdo en el matrimonio, siempre será un problema en su vida juntos.

Procuremos buscar en oración la voluntad perfecta de Dios, no solo cómo individuos sino como matrimonio.

Para reflexionar: Dios quiere que lo involucremos en el matrimonio.

"Cordón de tres dobleces no se rompe jamás."
- *Eclesiastés 4:12*

La unidad en el matrimonio crecerá cuando crezcamos en nuestra relación con Dios. El bendice en gran manera a un matrimonio que está cercano al corazón de Dios.

Te invito a permanecer firmemente en oración, que sea tu anhelo seguir creciendo y que Dios afirme la unidad en el matrimonio.

A manera de Testimonio:

Mis padres se llevaban 32 años de diferencia en edad. Mi madre quedo huérfana a los ocho años de edad y tuvo una infancia muy difícil. Supongo que la ausencia de Padre fue la que la empujo a buscar una protección y de alguna manera la encontró en un hombre mucho mayor que ella. No imagino si en algún momento encontraron la unidad que se requería. Vivieron temporadas muy distintas.

Cuando yo nací mi mamá tenía 26 años y mi papa 58.

Tenía una mamá y un "abuelo" por papá por la edad. Imagina las conversaciones con tremenda diferencia de edad. Pero al final pude verlos reír, disfrutar de los que había edificado juntos, ambos tuvieron un encuentro con Dios.

Y esto hizo la vida más fácil y más apacible.

Lograron la unidad que requerían para continuar. A pesar de las diferencias en edades. Decidieron no fijarse en lo que los separaba y decidieron enfocarse en lo que valía la pena y los unía.

Te comparto este ejemplo de vida. De cómo puede Dios reescribir una historia cuando hay una decisión de agradarle a Él. Y al final agradezco la valentía con la que deciden seguir adelante.

¿Qué es lo que te separa de tu cónyuge? ¿Qué es eso que puede llegar a ser un abismo? No repares en ello. Por qué no mejor buscar lo que los puede unir y potencializarnos.

Ya nos somos dos, Ahora somos uno, y esa unidad nos hace fuertes.

Recuerda: uno hace huir a mil, dos hacen huir a diez mil. Es poder exponencial. Al orar vemos lo poderoso de la unidad. ¡Amen!

"Donde dos o tres estén reunidos en mi nombre yo estoy allí en medio de ellos." - Mateo 18: 20

Robert Morris dice en su libro Matrimonio de Bendición: "Cuando {usted} era soltero se cuidaba a sí mismo y cuido y mantuvo todo lo preciado y valioso para sí. Como individuos protegemos nuestro derecho de prioridad, propiedad y privacidad." (Morris, P. 34). [1]

Pero en el matrimonio no se trata de propiedad individual, no es proteger lo propio, sino que necesitamos la gracia redentora para caminar en esa unidad.

Cuando nos comprometemos a hacer nuestra parte incluso si la otra persona no lo hace, traemos bendición al matrimonio.

Versículos para orar:

Salmo 133:1

> Mirad cuan bueno y cuan delicioso es habitar los hermanos juntos en armonía

Efesios 4:3

> Solícitos en guardar la unidad del Espíritu en el vínculo de la paz

*1 Referencia: Morris, Robert (p. 203)

1 Pedro 3:8 NVI

> En fin, vivan en armonía los unos con los otros; compartan penas y alegrías, practiquen el amor fraternal, sean compasivos y humildes.

1 corintios 1:10

> Les suplico, hermanos en el nombre de nuestro Señor Jesucristo, que todos vivan en armonía y que no haya divisiones entre ustedes, sino que se mantengan unidos en un mismo pensar y en un mismo propósito.

2 Corintios 13:11

> En fin, hermanos, alégrense, busquen su restauración, hagan caso de mi exhortación, sean de un mismo sentir, vivan en paz. Y el Dios de amor y de paz estará con ustedes.

Romanos 12:10

> Ámense los unos a los otros con amor fraternal, respetándose y honrándose mutuamente.

Tiempo de Oración

Oración por la unidad:

Señor permite que mi matrimonio camine en unidad completa, que podamos caminar en una sola visión, que estemos anclados a una causa común mayor que el beneficio personal. Gracias Padre por permitirnos caminar en unidad a pesar de ser tan diferentes. Gracias mi Dios por la unanimidad y la visión que tenemos en común como esposos. Te agradezco por tu bondad en el nombre de Jesús. Amén

Dios quiere que lo involucremos en nuestro matrimonio. Cordón de tres dobleces no se rompe jamás. La unidad en el matrimonio crecerá cuando crezcamos en nuestra relación con Dios. El bendice de gran manera a un matrimonio que está cercano al corazón de Dios. Te invito a continuar con en oración, a permanecer firmemente en oración. Anhelo que sigas creciendo y que Dios afirme la unidad de tu matrimonio.

Tarea:

Lee Mateo 18:19-20 y ora en base a ello.

Si Dos de ustedes se ponen de acuerdo sobre cualquier cosa que pidan aquí en la tierra les será hecho por mi Padre que está en los cielos. Por que donde dos o tres estén reunidos en mi nombre, allí estaré yo en medio de ellos.

Recuerda esta gran verdad para tu matrimonio, la unidad trae fuerza, la unidad es buena.

Pudiéramos enfrentar un reto al pensar que estamos demasiado "ocupados" para orar.

Y a manera de respuesta podemos decir que necesitamos ser intencionales en administrar nuestro tiempo de oración, mientras nos ocupamos de nuestro trabajo y nuestras responsabilidades cotidianas, a veces sentimos que estamos demasiado ocupados para orar. Y debemos tomar en cuenta que todos tenemos este llamado a orar. Lo mejor que los esposos pueden hacer por sus matrimonios y familias, es crecer en oración.

No puedes dejar tu vida de oración a un lado. La oración no solo es una actividad entre muchas otras actividades espirituales, es la actividad más decisiva para una vida profunda y plena que glorifique a Dios. Cuando no programas tu tiempo otros se apoderan de él y acabamos viviendo en la tiranía de lo urgente.

Nuestro tiempo de oración puede "comprar" cosas eternas que duran para siempre. Evita la tendencia a perder tiempo con conversaciones vanas, demasiado televisión, redes sociales o recreación. Que el tiempo de oración no aparezca repentino en nuestras agendas, apodérate de él haciéndolo tu prioridad.

Veras con beneplácito que es lo mejor que puedes hacer por tu matrimonio.

"La oración es debilidad que se apoya en la omnipotencia." - W.S. BOWD

2 Referencia: BOWD, W.S (p. 203)

4

Orando por una comunicación perfecta en el matrimonio.

"En la lengua hay poder de vida y muerte; quienes la aman comerán de su fruto" - Proverbios 18:21

Hablar parece tan normal, tan inofensivo, tan casual. Sin embargo, son pocas las cosas que hacemos que tengan mayor importancia que el hablar. ¿Quiénes entre nosotros no hemos sido heridos por las palabras de otro? ¿Quién no se ha lamentado por algo que haya dicho? ¿Cuántas veces no hemos intentado comunicarnos correctamente sin embargo no hemos tenido éxito

La verdad es que necesitamos a Jesús para poder tener las palabras correctas. ¡Jesús es la palabra y la única esperanza para nuestras palabras! Solamente con Jesús podemos enfocar nuestro hablar.

Las palabras dirigen nuestra existencia y relaciones. Si vemos el inicio de la humanidad, en el huerto, Adán y Eva antes de la caída no tenían ningún problema para comunicarse. Todo lo que se decía reflejaba la naturaleza de Dios. En el huerto no había gritos, maldiciones, ni egoísmo. Solo palabras verdaderas dichas con amor y honestidad.

¿Por qué entonces hoy tenemos tantos problemas de comunicación?

Porque nuestras palabras no están dirigidas a la voluntad de Dios, no hemos permitido que Dios gobierne en nuestras palabras.

Debemos entender que nuestras palabras le pertenecen a Dios y que de todas ellas daremos cuenta. Cada palabra que digamos debe corresponder al estándar de Dios, el diseño nuestro hablar. Así que tenemos que analizar la manera en que nos comunicamos y la manera en que hablamos en nuestro matrimonio.

En el huerto había alguien mas que introdujo el caos y la confusión, hablo mentira, y hablo cosas que Dios nunca dijo.

Si dejamos que sea Dios quien tome el control de nuestro hablar, podemos entonces someter nuestra boca a nuestro Dios quien diseño el lenguaje para poder comunicarnos correctamente con él y con los demás.

Oremos para que podamos encontrar una correcta comunicación en el matrimonio. Si hemos ofendido con nuestro hablar, podemos pedir perdón por haber permitido que esto sucediera. Los problemas con las palabras revelan problemas desde el corazón.

Pidamos sabiduría para poder comunicarnos correctamente, pero sobre todo qué guardemos nuestros corazones porque de ellos mana la vida.

> *"Sean siempre humildes y amables. Sean pacientes unos con otros y tolérense las faltas en amor" - Efesios 4:2*

Cuando depositamos nuestra vida en las manos de Dios y reconocemos su señorío en todas las áreas de nuestra vida. Es cuando puedo ser consiente de cada palabra que tiene que ser usada para la edificación de los demás.

Es cuando dejo de usar mis palabras como herramientas para mis planes, intentos de ejercer control o para mi beneficio personal.

Cuando en el matrimonio el objetivo es hacer las cosas a mi manera y mi cónyuge actúa de la misma manera el matrimonio se vera afectado.

Debemos invitar a Dios a señorear por completo en nuestro matrimonio. Entregarle todo, cada detalle, todo lo que hablamos le corresponde a Él. Que sea Dios el que gobierne nuestra comunicación.

Volvamos al principio de nuestra relación con Dios; pidamos perdón por no permitirle ser el que gobierne nuestra vida y nuestro hablar. Muchas veces nos hemos llenado de quejas, palabras impacientes, hirientes, intentamos controlar, avergonzar y acusar. Dios no nos diseño de esta manera, el diseño nuestro hablar.

Versículos para orar:

Efesios 4:31-32

> Quítese de vosotros toda amargura, enojo, ira, gritería y maledicencia, y toda malicia. Mas

bien sean bondadosos y compasivos unos con otros y perdónense mutuamente, así como Dios los perdono a ustedes en Cristo.

Efesios 4:29

Ninguna palabra corrompida salga de vuestra boca, sino la que sea buena para edificación, para que de gracia a los oyentes.

1 Pedro 3:9

No devuelvan mal por mal ni insulto por insulto, mas bien bendigan, porque para esto fueron llamados, para heredar bendición.

Proverbios 15:4

La lengua que brinda consuelo es árbol de vida, la lengua insiDiosa deprime al espíritu

Proverbios 11:13

La respuesta amable calma el enojo, pero la agresiva hecha leña al fuego

Proverbios 10:19

El que mucho habla, mucha yerra; el que es sabio refrena su lengua

Tiempo de Oración

Acompáñame a orar de la siguiente manera:

Mi Dios gracias porque en mi matrimonio puedo comunicarme correctamente, gracias por que nos das sabiduría en todo tiempo para podernos comunicar, guardamos nuestro corazón por que de el mana la vida, gracias Padre por que hoy decidimos hablar vida para nuestro cónyuge y matrimonio, porque podemos hablar el bien en nuestro matrimonio. Amén

Es mi profundo deseo que tu comunicación en tu matrimonio sea mejor cada día. Recordemos que hablamos lo que hay en nuestro corazón. Deja que Dios este presente en todos los aspectos de tu vida, que se manifieste en tu hablar. Vuelve al diseño original de tu habla, oro para que así sea en tu vida y en la de tu cónyuge.

> *"No paguen mal por mal, no respondan con insultos cuándo la gente los insulte. por el contrario, contesten con una bendición, a esto los ha llamado Dios, y él les concederá su bendición." - 1 Pedro 3:9*

Oración en acción:

-Ora para que la comunicación en el matrimonio no sea interrumpida por intrusos.

-Ora para que de tu boca salgan palabras de bendición para tu cónyuge.

-Ora y pídele a Dios sabiduría para hablar y saber comunicarte bien con El, con tu cónyuge y con las personas que te relacionas.

Recuerda que nuestras palabras pueden ser usadas para edificar o destruir, "en la lengua hay poder de vida y muerte" (Proverbios 18:21 NVI). La base de la comunicación es tener la mente de Cristo dentro de nosotros para que podamos hablar desde el Espíritu y no desde nuestra carne. Cometemos muchos errores en nuestra comunicación matrimonial porque actuamos según nuestra carne, según nuestros impulsos.

Antes de discutir detente por un momento, escucha la voz del Espíritu Santo y pregúntale cómo resolver dicho problema. Entre más escuchemos su voz mas eficaces seremos en nuestra comunicación con los demás.

5

Orando por la preeminencia del amor.

"Amados, ámense unos a otros, porque el amor es de Dios. Todo aquel que ama, ha nacido de Dios y conoce a Dios." - 1 Juan 4:7

Es de suma necesidad que el amor de Dios sea manifestado en nuestros matrimonios. Dios diseño nuestra alma para florecer dentro del contexto del amor autentico. El único tipo de amor que puede generar el cambio que necesitamos es el amor de Dios.

La preeminencia del amor se refiere a la superioridad del amor. El amor esta por encima de todas las cosas. Dios es amor y solamente en Dios podemos manifestar un amor prefecto para las personas que nos rodean. El amor es superior porque Dios es amor y Dios está por encima de todas las cosas.

"El amor todo lo sufre, todo lo cree, todo lo espera y todo lo soporta" - 1 Corintios 13:7

El amor todo lo sufre.

El amor en el matrimonio debe ser un amor que todo lo sufre, no significa que se trate de sufrir dolor o maltrato. El amor que todo lo sufre es aquel que cubre, protege y mantiene unido al matrimonio. Es la clase de amor que debe permanecer uniendo al matrimonio, un amor que da seguridad y protección al cónyuge.

Algunas personas no alcanzan a proteger ni a prodigar ese amor. Pueden tener un buen corazón pero no es suficiente para entregar ese amor que cubre y da seguridad a la otra persona.

Nosotros debemos ser un lugar seguro para las personas con necesidad de ser amadas, donde encuentren amor incondicional y apoyo, tanto publico como privado. Esta clase de amor debería de ser encontrada en nuestro matrimonio.

El amor todo lo cree.

Es la clase de amor que busca lo mejor, en medio del peor tiempo de la vida de un matrimonio, un amor que todo lo cree te hace recordar lo mejor. En la adversidad, celebras lo mejor.

Debemos creer lo mejor de las personas en los peores momentos. Que cuando alguien nos ofende, no busquemos abrazar la ofensa, no defendamos cada "injusticia", pasemos por alto y dejemos que Dios se encargue del resto.

¿Cuál será la mejor manera? Es pasar por alto y decidir dejar ir la ofensa de inmediato y de corazón, no dejarse ofender.

Es decir: "no tenia esa intención" y decide seguir adelante. Aun sabiendo que la ofensa es intencional, decide creer lo mejor. Si hacemos esto caminaremos libres, tendrás una mejor manera de ver las cosas.

Si la mitad del tiempo no somos capaces de discernir las motivaciones de nuestro propio corazón, mucho menos las de los demás.

El amor todo lo espera.

Esperar todo de la otra persona, es aferrarse al potencial de la persona que amamos. Vemos a nuestro cónyuge con todo su potencial, vemos lo que Dios está haciendo en su vida. Es cuando podemos decir que vamos en un camino hacia donde estaremos. Es una travesía y el amor reconoce que donde estamos no es el lugar donde siempre estaremos. Que nuestra vida va en progreso, Dios no nos limita ni nos etiqueta.

El amor en el matrimonio tiene que ser capaz de decir: "Se que vamos en una travesía, pero mi amor es real justo donde te encuentras."

El amor necesita esperanza, porque todos estamos siendo perfeccionados.

Si vemos a nuestro matrimonio y nuestra familia desde la perspectiva que Dios tiene, se podrá salvar el matrimonio. Solamente sigue conservando la esperanza, Dios aun no termina con nosotros, somos obras en progreso.

El amor todo lo soporta:

Un amor que no rechaza, un amor que no descarta a las personas, no mantengo la lista de ofensas, hasta que todo explote.

La Biblia no dice que ignoremos el pecado, ni que ignoremos la herida o el dolor. No significa que ignoremos la situación real o que no confrontemos la situación. Pero decidimos cubrirnos de ese amor que cubre multitud de errores. Siempre debe haber espacio para la comunicación, confrontación y restauración.

Aun cuando confrontemos algún aspecto difícil del matrimonio, lo haremos con una actitud y una expectativa de que nuestro amor no va a ser retirado sin importar lo que suceda.

No te enfoques en mejorar tu matrimonio. Enfócate en mejorar tu mismo, en servirle con amor a tu esposo/a y en crecer en tu relación con Dios, y así Dios obrará en tu matrimonio.

Tarde o temprano las buenas intenciones se agotan, la autodisciplina falla. Pero si somos motivados por el amor de Dios no hay limite para esa clase de amor.

Amar como Jesús ama.

"El amor es paciente, es bondadoso, el amor no es enviDioso, ni jactancioso ni orgulloso. No se comporta con rudeza, no es egoísta, no se enoja fácilmente, no guarda rencor". -1 corintios 13:4-5

¿Qué hacemos para lograr esta clase de amor en el matrimonio?

Nos enfocamos en Jesús. Dios es amor y El manifiesto so amor por medio de Jesús. Cánsate de amar a tu manera y tus fuerzas, ama a tu cónyuge, como Dios lo ama.

Este estilo de vida en el matrimonio solamente lo podremos conseguir enfocándonos en Jesús. Busca a Jesús, pasa tiempo con El, aprende de El, y se amado por El.

Ora para que esa clase de amor sea manifestado en tu matrimonio, como un estilo de vida.

Versículos para orar:

Colosenses 3:14

> Por encima de todo, vístanse de amor, que es el vinculo perfecto.

Efesios 4:2

> Siempre humildes y amables, pacientes unos con otros en amor

Efesios 5:33

> Por lo demás, cada uno de ustedes ame también a su esposa como así mismo, y ustedes, las esposas, honren a sus esposos.

1 Corintios 10:24

> Que nadie busque sus propios intereses sino los de su prójimo

Tiempo de Oración

Acompáñame a orar de la siguiente manera:

Oremos para que el amor de Dios sea manifestado en nuestro matrimonio. Que Dios ocupe el primer lugar en mi matrimonio, que mi cónyuge antes de amarme a mí, primero ame a Dios con todo su corazón. Oramos porque ese amor que todo lo sufre, que todo lo cree, que todo lo puede inunde mi vida matrimonial. Gracias Señor por mi esposo/a, y gracias Señor por bendecir mi matrimonio. Te doy gracias en el nombre de Jesús. Amén.

En el navegar que es la vida, aun en tormenta y en tempestad, aun cuando nuestros botes se llenan de agua, no hay nada mas que pueda traer estabilidad y sustento a nuestras vidas que el amor de Dios. El amor de Dios nos permite seguir avanzando, nos permite continuar en medio de las dificultades del matrimonio.

Tomate un tiempo para encontrar su incalculable amor en tu vida y en la de tu matrimonio. Que tu alma encuentre su refugio y propósito en el amor de Dios. Busca conocer tan de cerca al Dios de amor y camina con El tan cerca, hasta que su amor se vuelva parte de tu alma.

Es imposible existir sin su amor, llena tu matrimonio de su amor que trae sustento. Nada se resiste a su amor. Te animo a continuar en oración. Camina en ese amor perfecto y sigue adelante en la preeminencia del amor.

6

Honrando mi matrimonio.

"No hagas nada por egoísmo o vanidad, mas bien, con humildad consideren a todos como superiores a ustedes mismos" - Filipenses 2:3

La honra es un valor que no puede ser devaluado en el matrimonio, al contrario tiene que estar vigente siempre. Y puede ser la clave más importante para un matrimonio satisfactorio.

Honra significa según el diccionario de la Real Academia Española: "Estima y respeto de la dignidad propia"

Es aprender a ver a la otra persona como un tesoro invaluable, recomiendo su valor, y su mérito increíble.

Esto no es algo que podamos exigir o imponer. Honrar a alguien significa mostrarle aprecio, cuidándola con respeto y con afecto.

En la practica puede llegar a ser un reto y un desafío. Ya que en la convivencia diaria como matrimonio, se nos pueden presentar muchas oportunidades para honrar y amar... pero también para deshonrar. Todo es como nosotros decidamos aplicarlo

Cuando podemos ver a nuestro cónyuge como Dios lo ve mantenemos la chispa de un matrimonio amoroso a lo largo de la vida.

El matrimonio pudiera entrar en crisis si no somos intencionales o descuidamos la falta de ese elemento.

> *"Cuando Honramos a alguien, le damos una posición de alta estima en nuestra vida. La honra siempre va de la mano con el amor, un vocablo cuya definición es hacer cosas valiosas por alguien importante para nosotros."*
> *- Gary Smalley*

Por qué se nos dificulta usar el principio de honra en el matrimonio? Porque estamos acostumbrados a ver a las personas en relación a lo que hacen y no al valor de lo que son.

Esto nos da una idea distorsionada de lo que la otra persona es.

Cuando decidimos ver a la persona como un tesoro invaluable, reconociendo su valor desde la perspectiva de Dios, entonces es cuando le añadimos uno de loa aspectos muy importantes al matrimonio.

El secreto de esto es que se puede desarrollar la honra en el matrimonio. Hay un principio clave en la Palabra de Dios. "Ama a tu prójimo como a ti mismo" (Mateo 22:39)

A diferencia de lo que pensamos normalmente, no necesitas tener un desbordante amor por ti mismo para poder amar al prójimo; empiezas amando al prójimo primero.

Cuando decidimos amar al prójimo antes que amarte a ti mismo, es una muestra que estas conectado al amor de Dios; y por ende, estas conectado a tu propósito.

Como se puede lograr esto ? Solo buscando una genuina dependencia a Dios, y renunciando a una co-dependencia a cualquier otra persona.

Piensa que honrar a la otra persona es valorar quién es y lo que Dios ha depositado en ella.

Hay mucha recompensa que Dios tiene preparada cuando somos obedientes a su palabra y podemos aplicarla en el matrimonio.

Esposos a sus esposas y a su vez las esposas a los esposos.

Si como cónyuges oramos pidiéndole a Dios que ponga una honra genuina en su corazón para aquellos por los que Jesús murió, Él lo hará por que ese es su deseo.

Tu vida entera cambiará, porque no honramos solamente para recibir una recompensa lo hacemos por qué es lo que esta en el corazón de Dios.

A manera de testimonio:

Cuando inicio la pandemia y empezamos con los retos de oración, mi esposo me da una Palabra de parte de Dios, me habla y anima a escribir un libro del reto de los hijos, me dice que él estaba para apoyarme y ayudarme a cumplir ese sueño. Y no solo me animo sino que me honro verdaderamente en todo.

Y gracias a esa honra que me brindo, pudimos ver la recompensa palpable y la bendición que los retos han sido para muchas personas.

Cuando un cónyuge se desprende de todo orgullo y trabaja honrando y dando valor a la otra persona. Dios recompensa grandemente a toda la familia.

El libro de 21 días de oración por los hijos se sigue distribuyendo y ha llegado a lugares que jamas nos imaginaríamos que lo haría.

Las recompensas siguen a la verdadera honra y te animo a que no lo pospongas, pongamos ese ingrediente tan necesario en el matrimonio como un modo de vida, se sorprenderá de la enorme bendición que recibirán a través de este principio.

Consejos prácticos

- Fortalece tu relación con Dios para así fortalecer las relaciones con el prójimo

- Da a tu cónyuge prioridad en tu vida. (Primero Dios y después tu cónyuge).

- Se honesto y transparente.

- Respeta lo espacios que comparten juntos para conocerse y alimentar el amor.

- Aprende a dialogar sobre cualquier tema con tu pareja, la confianza es un factor importante en cualquier relación, y es una manera de honrar.

- No trates de cambiar a la otra persona si el cambio no empieza contigo primero.

Versículos para orar:

Romanos 12.10

> Amense los unos a los otros con amor fraternal, respetando y honrándose los unos a los otros

Proverbios 20:3

> Honroso es al hombre evitar la contienda, pero no hay necio que no inicie un pleito.

Proverbios 18.12

> Al fracaso le procede la soberbia humana; a los honores los procede la humildad

Hebreos 13: 4

> Honroso sea en todos el matrimonio

Tiempo de Oración

Acompáñame a orar de la siguiente manera:

Oramos por nuestro matrimonio: para que el respeto y la honra sean parte de el todo tiempo, oramos para que podamos valorarnos mutuamente, oramos para que podamos ver a nuestros cónyuges como un tesoro invaluable y podamos hacer una realidad la palabra de amar a nuestro prójimo (cónyuge) como a nosotros mismos. En el nombre de Jesús. Amen

El honor para crecer tu vida matrimonial. Recuerda que esto crece desde una reacio genuina con Dios. Te invito a seguir adelante con este reto de oración, a no interrumpirlo.

No tomes decisiones precipitadas, no hables de tu matrimonio lo que El no ha hablado; enfoca tu matrimonio en Dios, sigue orando por tu matrimonio. Recuerda que podemos tomar mejores decisiones desde la oración. No tomes decisiones sin antes consultarlo con Dios.

"Los cinco mejores minutos que pudieras invertir en tu matrimonio son aquellos donde puedan orar juntos, el uno por el otro."

- Carmen Arias

7

La necesidad de Orar Juntos.

"Oren sin cesar "
1 Tesalonicenses 5:17

Durante el inicio del matrimonio, podemos llegar a recibir muchos consejos, pero uno de los principales consejos seria el de la oración incesante. La oración debe ser un hábito constante de toda pareja que busca el éxito matrimonial.

Oren sin cesar puede sonar como un hábito muy complicado o difícil de llevar a acabo, sobre todo entre tantas ocupaciones de la vida cotidiana.

Muchas veces limitamos nuestro oración a los momentos de necesidad, sin tomarlo como algo prioritario en nuestro matrimonio.

Pablo sabe que al exhortar a las familias y parejas. Las anima a "ocuparse de sus negocios y trabajar con sus propias manos" (1 tesalonicenses 4.11). De hecho su exhortación esta rodeada de otras dos de gran relevancia. Estad siempre gozosos y dad gracias por todo.

Gozo, oración y agradecimiento son elementos que deben impregnar cada una de tus acciones en el matrimonio. La oración sin cesar se manifiesta en cada "Señor ayúdanos", al enfrentar una dificultad, o en un simple "gracias Dios" al celebrar una victoria.

Establezcamos de manera disciplinada la practica de orar juntos.

Orar sin cesar es un privilegio concedido por Dios a tu matrimonio para clamar las promesas que ha hecho para ustedes. La oración te permite acceder a la voluntad perfecta del Padre, la cual trasciende la limitada visión que puedan tener ustedes mismos del matrimonio.

La oración es el instrumento para luchar juntos en fe hasta poder ver victorias inimaginables, y a la vez, se convierte en el arma para futuras batallas.

Solo la oración sin cesar puede transformar nuestros caracteres orgullosos en dóciles. Sin la oración Dios no intervendrá en el mal carácter, la prosperidad se puede detener, el amor, la comunicación y la pasión pueden mermar. Sin la oración constante el matrimonio puede fracasar.

"Dedíquense a la oración, perseveren en ella con agradecimiento" - Colosenses 4:2

No importa la circunstancia en la que se encuentre tu matrimonio el día de hoy, recurre a la oración en pareja.

Prueba esto y verán cómo son maravillosamente beneficiados con esta devoción.

Si nunca lo han hecho, puede ser este el inicio de un nuevo modo de vida en el cual alcanzaran la unidad que Cristo desea para ustedes.

Formando un corto de tres dobleces con Él, producirá resultados extraordinarios en tu matrimonio y esto solo se consigue mediante la oración.

Una buena vida de oración alentara un buen matrimonio.

No hay manera de superar los retos y las crisis si no aprendemos a buscar juntos a Dios en el matrimonio. A veces no somos conscientes de esta necesidad. La oración lo puede cambiar todo.

> *"Lo que las alas son para un ave y las velas para un barco, así la oración para el alma"*
> *- Corrie Ten Boom*

La oración nos ayuda a recuperar las prioridades adecuadas, discernir con sabiduría, sin la oración vivimos como personas sin una ancla real en nuestra vida. Podemos ser llevados por emociones pasajeras, y tener muchos tropiezos.

Si deseamos crecer para Dios, debemos forjar una vida de oración mas intencional.

> *"De igual manera, ustedes como esposos, sean comprensivos en su vida conyugal, tratando cada uno a su esposa con respeto, ya que como mujer es mas delicada, y ambos son herederos del grato don de la vida. Así nada estorbara las oraciones ustedes" - 1 Pedro 3:7*

Versículos para orar

Marcos 18:19-20

> Otra vez os digo, que si dos de vosotros se pusieran de acuerdo en la tierra acerca de cualquiera cosa que pidieren, les será hecho por mi Padre que esta en los cielos. Porque donde están dos o tres reunidos en mi nombre, allí estaré yo en medio de ellos.

Salmos 116:2

> Porque has inclinado a mi tu oido, por tanto, te invocare en todos mis días.

1 Samuel 12:23

> Así que, lejos sea de mí que peque yo contra Jehová cesando de rogar por vosotros, antes os instruiré en el camino bueno y recto.

Colosenses 1:9

> Por lo cual también nosotros, desde el día que lo oímos, no cesamos de orar por vosotros, y de pedir que seáis llenos del conocimiento de su voluntad en toda sabiduría e inteligencia espiritual.

Tiempo de Oración

Acompáñame a orar de la siguiente manera.

Padre Celestial oramos para que podamos tener estos tiempos de oración como matrimonio. Señor que mi cónyuge tenga en su corazón la disposición de tomarse un tiempo de oración como pareja. Gracias Señor porque mi matrimonio crece en oración y en unidad en el nombre de Jesús.

Gracias Señor porque como matrimonios nos podemos ocupar en la oración diligentemente, y hacer de nuestro tiempo de oración una prioridad. En el nombre de Jesús.

Recuerda que la oración es la herramienta más poderosa que tenemos para vencer cualquier adversidad. Te motivo a que invite a tu esposa a orar junto contigo. No te desesperes si tu cónyuge no tiene interés en la oración, hazle saber que estas orando por él, que estas intercediendo por su vida. En la parte de abajo te dejo algunos desafíos.

Desafíos para esta semana

- Invita a tu esposa o esposo a orar contigo cada mañana para comenzar tu día con Dios en el centro.

- Pregúntale a tu cónyuge si puedes orar por el. Toma sus manos mientras oras en voz alta.

- Pidele que escriba una lista de peticiones especificas y ora por ellas. Añádelas a tu diario de oración.

Consejo:

Una de las cosas que ademas de orar practicamos como matrimonio es leer todos los días en voz alta la Biblia. Un versículo cada uno, y lo hacemos de tapa a tapa, cinco a siete capítulos diarios. Es enriquecedor cuando escuchas mutuamente compartir y hablar la palabra.

Imposible pelear o tener discusiones con quien constantemente te pones de acuerdo para leer la palabra. Aunque pueden surgir estas discusiones no tendrán gran relevancia.

Si como esposa no ves la manera de que tu esposo se involucre en la oración contigo, no te desanimes, tu sigue orando y Dios obrara en su corazón.

8

Venciendo el orgullo.

"El orgullo termina en humillación, mientras que la humildad trae honra." - Proverbios 29:23

El orgullo es el principal obstáculo en el matrimonio. Ademas, que hace que cueste solucionar las diferencias. Puede alargar las discusiones por horas, días, etc.

Por esa razón es tan importante el papel de la oración el el matrimonio.

El orgullo es el asesino silencioso.

El orgullo es uno de los mas poderosos y silenciosos asesinos de matrimonio. Hace que la tolerancia y el dialogo sean reemplazados por la separación y la indiferencia.

Las palabras dulces son absorbidas por las desafiantes y las tiernas miradas son cuestión del pasado.

El orgullo busca la separación y el distanciamiento. El matrimonio no es una competencia de poderes, es un llamado a la unidad. En la humildad y sumisión hay bendición, este es un acto que nos recuerda que somos uno, quitando todo sentimiento de superioridad. El amor debe ser libre de todo orgullo, el amor es aquel que no piensa solo en lo suyo.

"El orgullo solo genera contiendas" - Proverbios 13:10

El orgullo nos lleva centrar nuestra atención en nosotros mismos, olvidando los intereses, necesidades, gustos de nuestra pareja. Este intruso puede ocasionar que el matrimonio pierda de vista la visión que tienen juntos, las metas y sueños que comparten. Este no es el plan de Dios para el matrimonio; el plan de Dios es que cada matrimonio pueda caminar en una misma visión, construyendo en base a metas y sueños en común.

El orgullo cuando se hace presente como una muralla en el matrimonio, nos lleva a analizar nuestra necesidad de buscar a Dios en oración. Y buscar a Dios de una manera sumisa para ser transformados a su imagen y semejanza, una imagen de amor, humildad y servicio.

El orgullo lo podemos ver definido como un exceso de estimación hacia uno mismo, incluyendo nuestros méritos, que en ocasiones nos puede llevar a sentirnos por encima de nuestra pareja.

El orgullo se puede identificar en nuestro matrimonio cuando:

1. No acepta que haya espacios para cambios, ni mejoras

2. Se vuelve natural encontrar la culpa en el otro

3. Hay una marcada tendencia en exigir mas atención

4. Carece del principal don de Jesús, el servicio

5. La frase lo siento fue borrada del vocabulario.

La única manera de detener el orgullo es buscando a Dios en oración.

En el Salmo 51:10 David pide a Dios un corazón y un espíritu nuevo y limpio. Este es el resultado de buscar a Dios, él nos producirá cambios drásticos en el carácter para beneficios de la relación matrimonial.

Para experimentar un cambio verdadero y desarraigar este grave intruso es importante tener un genuino deseo para ser transformado, reconocer que padecemos dé una condición. Una vez hecho esto, el ser incesante en la oración te convertirá en una persona propenso a olvidar y perdonar con facilidad.

Cuando Dios desarraiga algo de nuestro interior, El llenara ese espacio vacío con nuevas cualidades y atributos. Dios suplirá tu matrimonio con mayor humildad, sumisión, y facilidad de perdonarse el uno al otro.

> *"Con el orgullo viene el oprobio con la humildad la sabiduría." - Proverbios 11: 2*

Es importante el ser sabios en nuestra manera de vivir. Cuando el orgullo guía nuestra toma de decisiones, podemos llegar a tomar decisiones muy dañinas para nuestro matrimonio.

La sabiduría es guiada por Dios desde la humedad.

Una persona sabia sabe lidiar y resolver los conflictos de manera objetiva, guiado por lo que es bueno y no por lo malo.

Evitemos caer en esta trampa.

"El que perdona la ofensa cultiva el amor."
- Proverbios 17:9

Muchas veces vamos a querer controlar la toma de decisiones de las demás personas de nuestro cónyuge. Esto no es correcto, a la larga no funciona y puede llegar a ser agotador.

Así como no podemos controlar el clima o la naturaleza, tampoco podemos controlar las acciones de las otras personas.

Solamente podemos controlar a una persona y esa persona es : YO MISMO.

Versículos para orar:

Efesios 4:2

> con toda humildad y mansedumbre, soportando con paciencia los unos a los otros en amor.

Filipenses 2:3 NBLA

> No hagan nada por egoísmo o por vanagloria, sino que con actitud humilde cada uno de ustedes considere al otro como mas importante que a si mismo.

Colosenses 3:12 NTV

> Dios los ama mucho a ustedes, y los ha elegido para que formen parte de su pueblo. Por eso vivan como se espera de ustedes: amen a los demás, sean buenos, humildes, amables y pacientes.

Santiago 3:13 TLA

> Si alguno es sabio y entendido demuestre haciendo el bien y portándose con humildad

Mateo 11:29-30 TLA

> Ustedes viven siempre angustiados y preocupados. Vengan a mi y yo los haré descansar.Obedezcan mis mandamientos y aprendan de mi, pues yo soy paciente y humilde de verdad. Conmigo podrán descansar.

Tiempo de Oración

Padre celestial, oramos para que sea vencido el orgullo en mi matrimonio, que el perdón se manifieste y la reconciliación sea en nuestro matrimonio. Oramos porque el dialogo y la tolerancia, sustituyen la separación y la indiferencia. Gracias Padre en el nombre del Señor. Amen

Oremos para que el orgullo sea derribado en nuestros matrimonios, y de paso a la humildad qué se requiere, y que junto con ello llegue el perdón a nuestro matrimonio.

Oremos para que sea quitado de nuestro matrimonio ese gigante del orgullo.

9

Perdonados para perdonar.

"Sean comprensivos con las faltas de los demás y perdonen a todo el que los ofenda, recuerden que el Señor los perdono a ustedes, así como ustedes deben perdonar a otros."

- Colosenses 3:13

Pidiendo perdón.

El perdón es una herramienta indispensable para el matrimonio. ¿Qué significa pedir perdón? El significado y el valor de pedir perdón ha cambiado en nuestros días. Ya no tiene el peso que debería tener. Hemos perdido el entendimiento completo de lo que significa pedir perdón en base lo que las Escrituras dicen.

Nos cuesta entenderlo, pero lo cierto es que Dios no nos muestra nuestro pecado y fracaso para condenarnos, sino como una muestra de amor incondicional. Así como el Padre amoroso disciplina a sus hijos, Dios va a lo profundo de nuestro corazón y nos llama al arrepentimiento para mostrarnos no nuestro pecado sino que podemos ser redimidos y producir en nosotros una cosecha de justicia y paz.

Sabemos que el perdón no ignora la ofensa, pero cuando perdonamos y somos perdonados toma toda ofensa para redimirla, produciendo un fruto apacible de justicia.

Así como no podemos pedir perdón a Dios sin primero reconocer nuestros pecados; e igual manera Dios nos invita a pedir perdón cuando hemos pecado contra alguien.

En muchas ocasiones dentro del matrimonio, muchas parejas prefieren guardar silencio, ignorar la ofensa y retomar la relación como si nada hubiera pasado cuando los ánimos ya se han calmado.

Esto no es una actitud correcta, ya que tarde o temprano la herida que ha causado la ofensa saldrá a la luz.

El perdón no es una opción en el matrimonio, sino una necesidad, algo que debe formar parte del día a día.

Nuestro amado Jesús nos mostró el camino a seguir. Cuando los discípulos le preguntaron o le dijeron que les enseñara a orar, en la oración modelo podemos ver cómo nos mostró la manera de orar.

En Mateo 6:12 se nos menciona: "Y perdonamos nuestras deudas {esto se refiera a las ofensas, pecados, heridas, etc.}, como también nosotros hemos perdonado a nuestros deudores {los deudores son los que nos ofenden, nos hacen mal} (Mateo 6:12 LBA). Esta es la manera en cómo tenemos que vivir en la vida, teniendo la voluntad de perdonar como hemos sido perdonados.

Perdonando. (Falta de perdón)

La falta de perdón hace que vivamos aprisionados. Jesús nos enseñó que hay libertad en el perdón, debemos ser intencionales en practicar el perdón, en pedir perdón, y perdonar a los demás.

El perdón traerá fortaleza a tu matrimonio, usando nuestras debilidades para nuestra edificación. Dios nos moldea en base a este principio.

"Y me ha dicho: Bástate mi gracia; porque mi poder se perfecciona en la debilidad. Por tanto, de buena gana me gloriaré más bien en mis debilidades, para que repose sobre mi el poder de Cristo." -2 Corintios 12:9

Dios nos llama a tener un corazón que busca la reconciliación. El corazón de Dios está en la reconciliación, y se refleja en Jesús, el Principe de Paz. En el encontramos la reconciliación no solo con Dios, sino también con los demás. Solo Dios puede poner amor en los corazones que en algún momento albergaron resentimiento y falta de perdón.

El transforma a las personas y les da un corazón compasivo.

De las ruinas de tu matrimonio, de la peor circunstancia, Dios puede producir algo nuevo y bueno. Dios anhela en su oraron ver familias reconciliadas, matrimonios amorosos y unidos, esposas y esposos cariñosos y pacificadores, que los corazones de los padres se vuelven hacia sus hijos, y los corazones de los hijos hacia los padres. (Ref. Mal 4:6) La reconciliación y el perdón son esenciales para nuestra vida.

Una persona ofendida tiene tres opciones

La primera es que puede pasar por alto la ofensa y perdonar, sin tener que mencionar la ofensa al ofensor. Cuando pasamos por alto la situación, otorgamos perdón sin tener que dialogar con la persona que nos ofendió y nunca traemos el incidente o la herida en futuras conversaciones. **(Recomendable).**

La segunda opción es guardar resentimiento. Recibo una ofensa, pero en lugar de pasarla por alto, la guardo en el corazón. Sin embargo, eso que guardamos saldrá en otro momento y de mala manera en otro conflicto. **(No recomendable).**

La tercera opción seria presentar la ofensa y dialogarla, esto traerá sanidad y una transparencia en nuestras relaciones, el dialogo es **muy recomendable.**

La mayor razón para perdonar es que hemos sido perdonados de una deuda mayor. Por eso perdonamos porque Jesús pagó nuestra deuda completa.

Jesús entregó todo para que fuéramos salvos y pudiéramos caminar con verdadera libertad, con plenitud de gozo en Él.

> *"Sea quitada de vosotros toda amargura, enojo, ira, gritos, maledicencia, así como toda malicia. Sed más bien amables unos con otros, misericorDiosos, perdonándonos unos a otros, así como también Dios os perdono en Cristo."*
> *-Efesios 4:31-32*

Si caminamos en base a los principios de Jesús podremos perdonar fácilmente, sin mirar atrás. Aún hay esperanza, las relaciones que han sido dañadas o aún destruidas pueden experimentar verdadera sanidad y reconciliación. !Nuestro Salvador es el Principe de Paz!

Cuando entendemos que somos perdonados para perdonar, es que podemos extender perdón.

Versículos para orar:

Proverbios 17:9

El que cubre la falta busca amistad; más el que la divulga, aparta el amigo

Mateo 6:14

> Porque si perdonas a los hombres sus ofensas, os perdonará también a vosotros vuestro Padre Celestial

Marcos 11:25

> Y cuando estéis orando, perdonad, si tenéis algo contra alguno, para que también vuestro Padre que está en los cielos os perdone a vosotros vuestras ofensas

Efesios 4:32

> Sed mas bien amables unos con otros, misericorDiosos, perdonándonos unos a otros, así como también Dios os perdono en Cristo

Colosenses 3:13

> Soportándonos unos a otros, y perdonándonos unos a otros si alguno tuviera queja contra otro. De la manera que Cristo os perdonó, así hacedlo vosotros

Tiempo de Oración

Acompáñame a orar de la siguiente manera:

Padre oramos para que podamos ver a nuestro matrimonio caminando totalmente en el perdón que tú nos das, y en el perdón el uno para el otro. Toda ofensa es sanada en mi corazón, y sana Señor también el corazón de mi cónyuge. Señor que ese perdón sea medicina a nuestro matrimonio y corazones. Gracias Señor en el nombre de Jesús. Amén.

Tomemos en serio el perdón. Es algo que fue tan serio para Dios que envió a su hijo para que tu y yo fuéramos perdonados y por consiguiente, perdonemos unos a los otros. Oremos para que podamos edificar nuestro matrimonio en base a este principio del perdón. Veremos a Dios manifestarse en nuestra vida, en nuestro matrimonio.

Oración en acción

Tarea: Ora por tu cónyuge y decide perdonar aún si no te han pedido perdón.

Nota: ¿Por qué es tan necesario este reto de matrimonios?

¿Por qué es tan necesaria la oración en los matrimonios?

Porque demasiadas parejas hoy en día sienten que el matrimonio se ha vuelto algo demasiado problemático.

Cuando Dios instituyó el matrimonio, lo hizo para que fuera duradero. El problema es que hemos transformado el beneficio del matrimonio en el objetivo, de manera que cuando el beneficio (la felicidad) no se logra, nos damos por vencidos y decimos adiós, o nos conformamos con vivir una vida de infelicidad.

¡Por eso te animo a seguir adelante!

Orando y creyendo lo que Dios   hará en tu matrimonio.

El perdón libera gozo, trae paz y deja limpia la pizarra.

Para recordar: En lo que respecta al perdón, nuestro Señor nunca nos mandaría hacer algo para lo cual no nos prepararía también.

10

Menos temor, más fe.

""Cuando siento miedo, pongo en ti mi confianza"
-Salmos 56:3

Cuantas veces los matrimonios que inician, no empiezan su vida matrimonial llena de temores. Muchas veces con pensamientos de temor, de futuros fracasos por las experiencias alrededor de sus vidas, de los ejemplos de personas cercanas.

Muchas veces con el temor de no saber que el paso que darán es el correcto, si tendrán finanzas, en fin tantos temores.

En el matrimonio puede llegar a haber miedo a la separación, a la muerte repentina del cónyuge, temor al engaño, temor a quedar en bancarrota.

El temor es una sensación de angustia motivada por el "espacio" que dejamos en nuestra mente por la duda, desconfianza e incredulidad.

Resalto la palabra "espacio". Porque precisamente nuestra mente tiene esos espacios, que forman el epicentro de todas nuestras acciones y emociones. Sino hemos buscado a Dios, dejaremos espacios donde se pueden filtrar y hacer lugar para el temor.

Sin embargo, en lugar de decidir vivir en temor, debemos comprometernos a acercarnos a Dios lo más pronto posible. El perfecto amor de Dios nos libra de todo temor.

El temor puede generar:

- Disputas sin fundamentos, cuando alguno teme que algo salga mal.

- Tensión en el matrimonio, cuando tememos a cosas que no existen.

- Nos roba el gozo. El miedo produce angustia, sensación de intranquilidad, opacado la alegría, el gozo y la paz.

- Nubla el propósito y visión del matrimonio.

- Limita nuestra capacidad de vivir en el momento presente, perdiendo de vista nuestro enfoque en aquello que si es real e importante en la relación.

Es obvio, que si existe una amenaza real a tu integridad física o emocional, reaccionarias posiblemente con temor. No obstante, aquí nos referimos al tipo de temor que son ideas, conceptos, basados en una falsa percepción, amenazas imaginarias entre otras cosas.

> *"En el amor no hay temor, sino que el perfecto amor echa fuera el temor, porque el temor lleva en si el castigo. De donde el que teme, no ha sido perfeccionado en el amor" -1 de Juan 4:18*

Cuando experimentamos este tipo de miedo es una señal que, en lo mas profundo de nuestro ser, hay un vacío que aun Dios no ha llenado. Es una visible manifestación de que aún no hemos madurado, ni hemos sido completados en el amor de Dios.

Muchos matrimonios ponen su seguridad en la estabilidad económica, en los sucesos alrededor, en lugar de poner su confianza en Dios. Este enfoque esta equivocado y solo nos llevará al fracaso. Si nos sumergimos en una búsqueda incesante de Dios aprenderemos que nuestro sentido de seguridad y estabilidad está en Él solamente.

Intentar llenar esas necesidades con cosas materiales o por medio de tu pareja, te producirá angustia, entonces te encontrarás queriendo llenar tu necesidad de seguridad en tu pareja, y no en la fuente de confianza suprema. Debemos saciar nuestra necesidad de seguridad en la fuente correcta, en el perfecto amor de Dios está la verdadera seguridad.

Cuando nos llenamos del perfecto amor de Dios todo temor será echado de nuestro matrimonio. Cuando decides permanecer en el perfecto amor de Dios, obedeciendo su palabra, creyendo sus promesas, Dios permanecerá en tu vida y en tu relación matrimonial. Dios quiere llenar todo los espacios de nuestra vida, y que Él sea nuestra plenitud.

Cuando el temor no tiene lugar, entonces la fe ocupa ese lugar. Al permanecer en fe, esta se vuelve parte de tu ambiente cotidiano, tu estilo de vida, crecerás en fe, en donde puedes estar seguro para vencer cualquier tribulación, angustia, persecución, etc.

"¿Qué podrá separarnos del amor de Cristo? ¿Tribulación, angustia, persecución, hambre, desnudez, peligro, espada? En todo esto somos

más que vencedores por aquel que nos amó."
-Romanos 8:36-37

Tener este tipo de fe no ocurre de la noche a la mañana. Es un cambio progresivo que indica con una vida de oración incesante. Cuando desaparece el orgullo y crece la humildad, este es un gran paso para tener una vida de fe.

Debemos dejar de anhelar ser autosuficientes para empezar a ser humildes y obedientes a su voz, el tener una completa dependencia en Dios. La humildad nos permite percibir nuestro errores y nos lleva a caminar en fe, y dejar a Cristo ser nuestro Señor.

Vivamos en fe, seamos incesantes en la oración. De esta manera nuestras matrimonios podrán ser plenos sabiendo que nada absolutamente nada nos puede separar del perfecto amor de Cristo, el cual es el que suple todas nuestras necesidades.

No somos dependientes de las personas, somos dependientes de aquel quien es totalmente fiel y quien tiene recursos ilimitados, dependemos solo de Jesús.

Versículos para orar:

Isaias 54:14

> Con justicia serás adornada; estarás lejos de opresión, porque no temerás y de temor, porque no se acercará a ti.

1 Juan 4:18

> En el amor no hay temor sino que el perfecto amor echa fuera el temor; porque el temor lleva en si castigo. De donde el que teme, no ha sido perfeccionado en el temor.

Salmos 112:8

> Asegurado está su corazón; no temerá, hasta que vea en sus enemigos sus deseos "

Proverbios 3:24

> Cuando te acuestes, no tendrás temor, sino que te acostarás, y tu sueño será grato.

Salmo 9:10

> En ti confiarán los que conocen tu nombre, por cuanto tú, oh Jehová, no desamparas a los que te buscaron.

Isaias 26:3

> Tú guardaras en completa paz a aquel cuyo pensamiento en ti persevera; porque en ti ha confiado

Salmos 112:7

> No tendrás temor de malas noticias; su corazón está firme, confiad en Jehová

Tiempo de Oración

Acompáñame a orar de la siguiente manera:

Oramos por un matrimonio que se cubre del perfecto amor de Dios, ningún espacio es dejado en blanco para que el temor no pueda instalarse en nuestros corazones.

Oramos por que nuestro matrimonio permanezca en ese amor, en obediencia a su palabra y caminando en fe en esas promesas. Oramos para que todo temor, ya sea a la muerte, a la necesidad económica, a la separación, sea quitado de nuestro matrimonio: Gracias Señor por llenarnos de tu perfecto amor. Amén.

Tu matrimonio estará saturado de una atmósfera de bendición, satisfacción y optimismo, al depositar toda tu fe en la confianza que solamente Dios les puede dar. El suplirá todas sus necesidades, aún las mas profundas. Ese es el propósito de Dios para la vida de tu matrimonio que te llenes de su perfecto amor, y que la fe te inunde en tu matrimonio. Oremos para que sea lleno de El, y camines sin temor.

A manera de testimonio:

En esta año nos toco ser participantes de la boda de nuestro hijo mas pequeño. Después de mas de un año de preparación, con tramites migratorios, y viajes constantes, ya que su esposa es de Noruega,

Finalmente pudimos ver la mano de Dios en cada proceso. Al escribir este libro recibimos la noticia por la cual habíamos orado, que finalmente el tuviera su visa de residente.

Ya están en Noruega, acaban de rentar su departamento para establecerse allá en es país.

Al principio pudimos ver el temor en sus primeros tramites, loa duda y la incertidumbre de su futuro. Pero el ancla más importante para ellos era la certeza que sin importar lo que sucediera o en qué lugar estarían, Dios estarían con ellos, y se tenían el uno al otro.

Al final Dios obro conforme había orado y podemos ver la paz de Dios y testificar que su fe en Dios les respaldo. ¡Dios es fiel!

Lo que estés viviendo en tu matrimonio debe ser lleno de la confianza de que Dios obrara en su amor perfecto.

11

Las finanzas en el matrimonio.

"Trabaje, pero no por la comida perecedera, sino por la que permanece para vida eterna, la cual les dará el Hijo del Hombre" -Juan 6.27

S i tuvieras que escribir tus sueños como pareja. ¿Qué escribirías? ¿Qué es lo que anhelas? ¿Cuándo dices: "si tan solo Dios me diera, entonces seria feliz," que pides ? ¿Cuál es tú, si tan solo pudiera?

Existe una lucha como matrimonio en el aspecto financiero, sin darnos cuenta podemos estar demasiado ocupados en conseguir bienes materiales y olvidarnos de lo verdaderamente importante. La lucha entre buscar el pan físico y el pan espiritual puede ser un problema en el matrimonio. Y es ademas una lucha central en la vida humana.

Cada uno de nosotros ha soñado con la casa perfecta y la vida financiera perfecta, en la que todas las cuentas se paguen sin problema. Pero debes preguntarte: ¿Qué es lo que de verdad anhelas? ¿que anhela tu corazón?

Los bienes materiales se quedan cortos comparados con la provisión sobrenatural que Dios nos quiere dar en todas las áreas de nuestras vidas, pero sobretodo en él área espiritual.

Muchas veces nos dejamos engañar pensando que la vida solo consiste en el pan físico y que las cosas espirituales son de poca importancia. Somos bombardeados por este mensaje, en las revistas, en la televisión, en redes sociales, en fin, en todo nuestro entorno.

Perdemos de vista el enfoque, y creemos que la vida consiste en que tanto pan físico eres capaz de ganar, mantener y disfrutar.

Pensamos que la verdadera felicidad se encuentra en las personas, en las posiciones y en las posiciones. Y puesto que "solo se vive una vez", se nos dice que debemos vivir para "disfrutarlo todo al máximo".

Creencias falsas en el matrimonio.

- Las cosas físicas son permanentes

- El éxito humano se mide por la cantidad de cosas materiales que puedes obtener

- La única fuente de alegría son los bienes materiales.

Jesús nos dice en Juan 6: "Yo soy el pan de vida". Solamente Jesús puede satisfacer nuestras necesidades financieras como matrimonio. No estoy diciendo que no sea correcto que busquen mejorar económicamente en su matrimonio, o que sea malo la búsqueda de bienes materiales.

Mucho menos podemos pensar que a Dios no le importan nuestras necesidades físicas, pero si suplimos nuestra necesidad de Cristo primero, el suplirá las otras.

¡¡¡Jesús es el pan por el que vale la pena vivir!!! Él es la vida. Muchas veces podemos ver los milagros, pero pasar por alto que él es el verdadero sustento. Podemos gozarnos por las cuentas pagadas, los empleos obtenidas, las casas abastecidas, las bendiciones recibidas, pero no tener hambre por las bendiciones espirituales que están representadas en un verdadero sustento.

Es muy fácil perder el enfoque y dedicarnos a solo buscar lo material, a dejar nuestra vida en solo edificar para lo temporal, perdiendo de vista lo eterno. No es que Dios no quiera que disfrutes las cosas que el te provee, solo que Dios no quiere que pierdas el enfoque.

Busca a Dios por el amor que le tienes, por tu amistad con el, Jesús debe ser tu gran Rey. No busquemos a Jesús por lo que nos puede dar, sino por lo que el representa, el es la fuente de toda vida plena, El es nuestro sustento.

Las bendiciones que Dos te da a través de tu matrimonio, de tu familia, hogar, produce algo en ti, su intención es apuntarte hacia la bendición mas profunda y plena de la presencia del Señor Jesús en tu vida.

No es la meta ser felices en la vida, ya que la felicidad se basa en sucesos, es pasajera, se trata de vivir en la plenitud del gozo de Dios. Esta plenitud solo la encontraremos cerca del corazón de Dios, en donde nuestros sueños se unen al sueño de Dios.

21 DÍAS ORANDO POR MI MATRIMONIO.   CARMEN ARIAS

Nuestro matrimonio sufrirá mucha perdida si el objetivo es solo acumular bienes materiales, y que en esa meta perdamos lo mas valioso que es la verdadera vida abundante en Dios.

¿Cuál es la clave de una vida plena y equilibrada, de un matrimonio libre del sistema del mundo que solo busca lo material? La clave es <u>el contentamiento</u>

Contentamiento

> *"Pero la piedad es una gran ganancia, cuando va acompañada del contentamiento"* -1 Timoteo 6:6

El contentamiento no es por lo general un estado natural del ser humano, tendemos a pensar que estaríamos mejor si nuestra vida fuera diferente, o tuviéramos lo que nos hace "falta"

Cuando tomamos la decisión de mantener el buen habito del contentamiento, tenemos la plena seguridad de que Dios está a cargo de todos los aspectos de tu vida.

Gran ganancia tendremos en nuestra vida y matrimonio si lo acompañamos de contentamiento.

Que podamos expresar:

PÁGINA 113 DE 205

"Tú, Dios mío, eres mi pastor, contigo nada me falta" - *Salmos 23:1*

Nota: Si nuestros corazones no están anhelando a Cristo, el pan de vida, seguro están anhelando otra cosa.

¿Qué reacción tenemos en medio de la crisis?¿Si tú sueño llegara a derrumbarse, si no te quedara nada ? Te levantarías en medio de tu fracaso y dirías: ¿Estoy lleno de gozo por que el Señor es mi Señor, es mi vida, es mi fortaleza, y en medio de toda perdida y destrucción, le tengo a El ?

La mejor manera de dejarle el señorío de nuestra vida es que en medio de cualquier crisis podamos exclamar como dijo Habacuc: "Señor, aunque todo ha desaparecido, de todas maneras me gozo porque tú, mi Salvador y Señor, mi vida y mi fortalezcan estas aquí

Versículos para orar:

Filipenses 4:19

Mi Dios, pues, suplirá todo lo que os falte conforme a sus riquezas en gloria en Cristo Jesús

Proverbios 10:22

La bendición del Señor es la que enriquece. Y no añade tristeza con ella.

2 Corintios 9:8

Y poderoso es Dios para hacer que abunde en vosotros toda gracia, a fin de que, teniendo siempre en todas las cosas todo lo suficiente, abundéis para toda buena obra.

Hebreos 13:5

Sean sus costumbres sin avaricia, contentos con lo que tenéis ahora; porque el dijo: No te desampararé, ni te dejaré.

Lucas 12:15

Y les dijo : Mirad, y guardaos de toda avaricia, porque la vida del hombre no consiste en la abundancia de los bienes que posee.

Tiempo de Oración

Acompáñame a orar de la siguiente manera:

Padre Celestial, oramos mi Señor por provisión, por cancelación de deudas en mi matrimonio. Señor tu eres nuestro proveedor, tu eres nuestro sustento, toda buena dádiva y todo don perfecto proviene de ti, gracias Padre porque tu suplirás todo lo que nos falte conforme a tus riquezas en Gloria.

En el nombre de Jesús. Amén.

Oremos para que seamos matrimonios que pongan sus miradas en aquel que es el verdadero pan de vida, que anhelemos siempre la vida abundante que El nos ofrece, que busquemos siempre primero el reino y su justicia y entendamos que las demás cosas serán añadidas.

Oremos por provisión financiera y su establecimiento correcto de las finanzas en el matrimonio.

12

Esperanza en toda circunstancia.

"¡Vuelvan ala fortaleza, prisioneros de la esperanza¡ En este precios día yo le hago saber qué les devolveré el doble." - Zacarías 9:12

Cada matrimonio llega a enfrentar situaciones de crisis, hoy más que nunca el matrimonio esta siendo atacado por diferentes circunstancias.

El matrimonio tiene que estar muy equipado para poder salir ileso de cada prueba inevitable que le plantará la vida en todas las etapas.

Las demandas de la vida quizá entren de manera sutil tratando de hacer daño, por lo que es necesario que seamos preventivos, y el caminar con fuerte compromiso en el matrimonio hará la diferencia en nuestras vidas. Si algo necesita nuestro matrimonio este tiempo es, la esperanza.

Si estas pasando por alguna crisis, donde tus circunstancias están negando la promesa que Dios ha dado para tu vida. Tenemos que orar para que en medio de esa situación surja esa esperanza que Dios obrara.

La esperanza bíblica es la anticipación gozosa de que algo sucederá y que Dios obrará. No sabemos cuándo, puede ser mañana, en un futuro no muy lejano, pero sabes que, si te aferras a esa esperanza, si te vuelves prisionero de la esperanza, Dios quien es experto en transformar situaciones imposibles, obrara en tu vida y en tu matrimonio.

Todos podemos tener esperanza cuando llega la victoria, pero lo que hace que la esperanza tenga una influencia tan profunda, es cuando nos encontramos en situaciones adversas, cuando todo a tu alrededor dice una cosa, y tu te aferras a algo mas fuerte, a las promesas de Dios.

Cuando tu circunstancia parecería negar las promesas de Dios en tu vida, en medio de esta situación, tu tienes esa anticipación gozosa de la victoria. Hay situaciones en el matrimonio que parecerían ir en dirección opuesta a lo que Dios tenía planeado para ti, y ahí es donde nos aferramos a esa esperanza, y sabemos que Dios tiene una victoria anticipada.

Solamente tenemos que refugiarnos en nuestra fortaleza, en Dios.

Zacarías nos habla de una fortaleza, a manera de un lugar de seguridad. Ese lugar de fortaleza es Dios nuestra seguridad. Si hiciste a Dios a un lado, sino no lo incluiste en tu matrimonio, en tus decisiones, es tiempo de volverse a El. Vuélvete a ese lugar donde alguna vez tuviste un encuentro con El. Solo estamos en ese lugar seguros.

Nuestro matrimonio tiene que volver a ese lugar de pacto, a ese lugar cuando los votos matrimoniales fueron delante de la presencia de Dios.

> *"Vuelve ahora en amistad con él, y tendrás paz; y por ello te vendrá bien."* -Job 22:21

Regresa a tu fortaleza en Dios. En esta seguridad, en esta fortaleza es donde la victoria viene. Si perdemos la esperanza, nuestro matrimonio puede estar bajo la influencia de una mentira.

A veces oramos por victorias grandes, y nos olvidamos de los pequeños milagros cotidianos vividos en nuestro matrimonio. En Dios, no hay situación que vayas a enfrentar para la cual no estés preparado y que El no tenga una respuesta.

Se nos puede olvidar y fácilmente perdemos la esperanza cuando el proceso que estamos viviendo es prolongado.

Por eso Dios nos invita a rodearnos de esperanza, aferrarnos a sus promesas en tiempos de crisis.

Y hay una promesa en su palabra, el dice: esta vez te restituiré el doble.

Así que si estas viviendo momentos de crisis o desesperanza en tu matrimonio, vuélvete a El, aprisiona la esperanza, abraza la esperanza, Dios obrará en nuestros corazones, y veremos como Dios nos restituirá.

Cuando dejamos que el temor nos robe la esperanza, podemos sentirnos abandonados, que tu matrimonio ya no tiene solución, que no hay respuesta para lo que estas viviendo.

El temor y la ansiedad hacen que pierdas de vista que en Dios hay esperanza, y que El tiene la respuesta.

El temor nos hace olvidad lo que Dios ha hecho en nuestra vida. Nos hace pensar que ya no hay remedio, y esto es una mentira, en El hay libertad, no somos prisioneros del temor, somos prisioneros de la esperanza.

Dios es un Dios que planea bien, es un buen administrador. El contesta nuestras oraciones, pero muchas veces lo hace de una manera diferente a la que esperamos. A veces oramos por victorias grandes y nos sabemos cómo animarnos en el proceso, porque esperamos por la gran respuesta.

Dios si quiere responder tus oraciones grandes, pero mientras tanto debemos celebrar con las pequeñas respuesta y los pequeños triunfos.

Cada proceso no esta formando, Dios nos desarrolla para lo grande. En lo que esperas por el gran milagro en la vida de tu matrimonio, empieza a agradecer los pequeños triunfos y las grandes misericordias de Dios. Y en el momento que Dios restaure, lo hará abundantemente.

Ten fe que de las cenizas de tu vida, de un matrimonio en crisis, de un pasado tormentoso, Dios puede hacer algo glorioso y aun mayor de lo que te imaginas.

En el diagnostico, en el conflicto, cuando te sientas aprisionado por el temor di: "Te reconozco como el Dios de mi vida y de mi matrimonio".

Tienes que saber que Dios, solamente El, te esta preparando para la victoria.

> *"Cuan felices son los que hallan fuerzas en ti, los que ponen su corazón en tus caminos¡ Cuando cruzan por el valle de las lagrimas, cambian su aridez en manantial al llenar la lluvia de los estanques. Van de victoria en victoria, hasta llegar a verte oh Dios, en Sión" -Salmos 84:5-7*

Versículos para orar:

Job 22:21-28

> Vuelve ahora en amistad con el, y tendrás paz. Y por ello te vendrá bien, toma ahora la ley de su boca. Y pon sus palabras en tu corazón. Si

te volvieras al Omnipotente, serás edificado: Alejarás de tu tienda la aflicción, tendrás mas oro que tierra. Y como piedras de arroyo oro de Ofir, el El Todopoderoso será tu defensa, y tendrás plata en abundancia. Porque entonces te deleitarás en el Omnipotente, y alzaras a Dios tu rostro. Oraras a el, y El te oirá, y tú pagaras tus votos. Determinarás asimismo una cosa, y te será firme, y sobre tus caminos resplandecerá luz.

Jeremias 29:11

Porque yo sé los pensamientos que tengo acerca de vosotros, dice el Señor, pensamientos de paz, y no de mal, para daros el fin que esperas.

Salmos 42:11

¿Por qué te abates, oh alma mía. Y por qué te turbas dentro de mi? Espera en Dios; porque aún he de alabarle. Salvación mía y Dios mío.

Hebreos 10:13

Mantengamonos firme, sin fluctuar, la profesión de nuestra esperanza, porque fiel es el que prometió.

Salmo 31:24

Esforzaos todos vosotros los que esperáis en Jehová, y tome aliento vuestro corazón.

Tiempo de Oración

Acompáñame a orar de la siguiente manera:

Hagamos que el clamor de tu fe sea más fuerte que la circunstancia que te está diciendo que no hay esperanza. Aférrate a Dios. Oremos por matrimonios restaurados y llenos de esperanza. Que los matrimonios tengan la fortaleza necesaria para llevar cualquier adversidad. Que los matrimonios encuentren su refugio en la presencia de Dios en donde puedan tener plenitud de gozo. Que de lo que ya parecía muerto, vuelva a la vida. Y sean establecidos en restauración.

Tips de oración

- Escoge un horario especifico

- Lleva un diario de oración

- Ora conforme a la palabra de Dios.

- El reto es por 21 días, es necesario permanecer, perseverar.

- El propósito es abrazar un estilo de vida de oración.

- Antes de acudir a cualquier persona con tu petición debes correr a Dios en oración.

- Agradece anticipadamente por tus bendiciones.

> **"Un matrimonio magnifico no comienza conociéndose mutuamente sino conociendo a Dios"**
>
> **Gary y Betsy Ricuci**

3 Referencia: Ricuci (p. 203)

13

Venciendo la ofensa.

"Un amigo ofendido es mas difícil de recuperar que una ciudad fortificada. Las disputas separan a los amigos como un portón cerrado con rejas "

-Proverbios 18:19

Como esposos a veces invertimos mucho tiempo en querer cultivar la relación matrimonial, pero nos conformamos con tener una vida de oración débil. Una vida de oración fuerte conducirá a relacionarnos fuertemente con las personas, especialmente en este caso con tu cónyuge

Cuando nos ofendemos ponemos una barrera y levantamos murallas como una ciudad fortificada. De pronto cuando la persona que te ha ofendido la dejas de ver de la misma manera, si tu cónyuge te ofendió, sin darte cuenta pierde valor ante tus ojos, y en ese momento dejas de la sacar lo valioso de la persona que te ofendió.

La oración se trata del amor, amar a Dios y a las personas.

La ofensa nos hace vivir en el tiempo en el cual nos lastimaron, y vivimos para recordar la ofensa, y esto nos impide anclar nuestra vida a lo que Dios tiene para el futuro de nuestro matrimonio.

La ofensa nos hace prisioneros del pasado y nos cierra los ojos al futuro de las promesas que Dios quiere hacer.

Si queremos caminar libres de ofensa, no podemos llevar la cuenta de lo que nos hicieron. Debemos dejar de ver al que te ofendo y voltear a ver al que te perdono.

Requerimos de ese poder sobrenatural para sanar toda ofensa. Cuando permitimos que la herida quede en nuestro corazón, nuestra vida se pondrá en pausa, Dios como nuestro Padre quiere traer sanidad a toda herida que la ofensa haya ocasionado.

Cuando pasamos por este proceso de ser heridos, lo que menos esas es orar por tu matrimonio, pero si superas esto y permaneces en la oración, Dios pondrá un amor diferente y tierno para tu cónyuge en tu corazón.

Tenemos que tener cuidado, el enemigo siempre buscará distraernos y poner nuestro enfoque hacia todo tipo de problemas y maximizara la ofensa en nuestra mente y corazón.

Esos pensamientos que nos hacen voltear a ver todo menos a Dios. El desaliento, el dolor, todo lo contrario a su amor y a la fe. Pero debemos saber qué el amor cubre multitud de errores.

¿Cuál será la respuesta a las ofensas y heridas causadas por estas ?

Este tiempo de oración nos hará orar y buscar a Dios, y esto traerá paz, no es con nuestra fuerza, pero es con su poder sobrenatural.

Si nuestro corazón está cercano al de Jesús, es más fácil pasar por alto la ofensa y no dejar de orar por las personas.

La oración debe ser reforzada aunque te sientas herida o lastimada. Una vida de oración será el antídoto contra tu dolor.

Aquí deberíamos redoblar esfuerzos, limpiar tu corazón, y empezar a pelear esa batalla de la fe. No hay atajos, ni formulas mágicas. Lo que si tenemos son herramientas que Dios ha puesto a nuestra disposición para vencer la ofensa.

> *"Dios mío, ¡Crea en mi un corazón limpio¡ ¡Renueva en mi un espíritu de rectitud"*
> *-Salmos 51:10*

Otras herramientas son la palabra de Dios para instruirnos y el Espíritu Santo para limpiarnos. Dios quiere limpiar y restaurar tu corazón, solo se vulnerable ante Dios, si estas batallando con la ofensa, es necesario buscar a Dios y reconocer esa área de tu vida donde la ofensa se ha anidado.

> *"Vestíos, pues, como escogidos de Dios, santos y amados, de entrañable misericordia, de benignidad, de humildad, de mansedumbre, de paciencia; soportando unos a otros, y perdonándoos unos a otros, si alguno tuviere queja contra otro. De la manera que Cristo os perdonó, así hacedlo también vosotros. Y sobre*

todas estas cosas vestíos de amor, que es el vinculo perfecto." -Colosenses 3:12-14

Recuerda una cosa: ser vulnerables nos ayuda mucho. La oración es la mejor herramienta para quitar la ofensa. La oración eficaz fluye mejor de aquellos que están en una fuerte relación co Dios. La humildad, el honor, la habilidad de relacionarnos unos con otros, el perdón, la gracia de Dios en nuestras vidas, son muestras de una vida de oración.

"Un mandamiento nuevo os doy: Que os améis unos a otros: como yo os he amado, que también os améis unos a otros. En esto conocerán todos que sois mis discípulos, si tuviereis amor los unos con los otros" -Juan 13:34-35

Ora de esta manera:

Padre, permite que mi amor por ti -y el tiempo que paso contigo- se derrame sobre mi matrimonio y mis relaciones terrenales. Enséñame por medio del Espíritu a relacionarme más, ser más amoroso, más amable y misericorDioso con mi cónyuge.

Versículos para orar:

Isaias 61:1

> El Espíritu del Señor esta sobre mí, porque me ungió Jehová; me ha enviado a predicar buenas nuevas a los abatidos, a vendar a los quebrantados de corazón, a publicar libertad a los cautivos, y a los presos apertura de la cárcel.

Hechos 24:16

> Y por esto procuro tener siempre una conciencia sin ofensa ante Dios y ante los hombres

Marcos 11:25

> Y cuando estéis orando, perdonad, si tenéis algo contra alguno para que también nuestro Padre que está en los cielos os perdone a vosotros vuestras ofensas.

Proverbios 15.1

> La respuesta apacible desvía el enojo, pero las palabras ásperas encienden los ánimos

Efesios 4:26

> Además, "no pequen al dejar que el enojo los controle." No permitan que el sol se ponga mientras están enojados.

Tiempo de Oración

Acompáñame a orar de la siguiente manera:

Padre oramos en este momento para que nos sea revelado si en nuestro matrimonio hay ofensas arraigadas en nuestro corazón, que todo lo que nos este impidiendo caminar en libertad nos sea revelado. Padre crea en mi un corazón limpio y renueva un espíritu recto dentro de mi. Padre quiero caminar con un corazón limpio para verte a ti en mi matrimonio. Permite ser libre de ofensa en el nombre de Jesús. Amén.

Oración en acción

Con un corazón humilde y contrito reconoce que has ofendido y que has sido vulnerable ante la ofensa.

Ten acciones de agradecimiento para tu cónyuge.

14

Orando por la salvación de mi cónyuge.

"El Señor no tarda en cumplir su promesa, según entienden algunos la tardanza. Más bien, el tiene paciencia con ustedes, porque no quiere que nadie perezca sino que todos se arrepientan" -2 Pedro 3:9

El evangelio de Jesús es la historia de perdón mas increíble del mundo. Es la historia de aquel que estuvo dispuesto a morir por crímenes que no cometió para que los que cometieron esos crímenes pudieran ser perdonados total y completamente de su bondad.

Es la sorprendente historia de un Dios justo que trazo un camino a través del sacrificio de su hijo para perdonar nuestros pecados.

El evangelio de Cristo Jesús es la provisión mas grande que jamás haya existido, es una historia de nuestro Dios que nos dio de su bondad a quienes no merecían nada.

Por el somos amados, somos perdonados y por El tenemos todo lo que necesitamos. ¿Quién sino Dios podrá escribir una historia tal como esta? Y esa historia de amor está disponible para todos nosotros.

Nosotros le amamos a El por que El nos amo primero. Es la historia de amor más incomprensible de todas, el siendo Dios dejo su trono por amor a nosotros, y nos ha hecho aceptos en el amado. Ahora somos parte de su familia.

En nuestro matrimonio es necesario que ambos tengamos el mismo entendimiento. Antes de esperar que nuestro cónyuge nos ame de la manera que nosotros esperamos, nuestra oración primordial debería de ser que el o ella ame a Dios por sobre todo.

Eso nos garantizará que tendremos éxito en el matrimonio.

Oramos para que nuestro enyugue se enamore de Dios y haga de el su primer y mas importante amor, si nuestro cónyuge esta sometido por completo a Dios y hace de El su número uno, nosotros podemos estar felices de ocupar el segundo lugar en su vida.

Por eso es tan importante la oración, solo Dios puede hacer que la transformación en los corazones suceda. Debemos entender que la batalla por un alma, en este caso tu cónyuge es una guerra.

Una guerra que se pelea no con armas carnales sino con armas espirituales.

> *"Porque las armas de nuestra milicia no son carnales, sino poderosas en Dios para destruir fortalezas"* - 2 corintios 10:4

Esas armas son en primer lugar la oración, ora con fe, insistentemente, cuando tu cónyuge no desee nada con Dios, habla bendición a su vida, ora en todo momento. Aunque no veas resultados, no te canses, ora, insiste y vuelve a insistir.

 No desmayes, ora con pasión, enérgicamente, con verdadera intensidad por el alma de tu cónyuge.

Ayuna, comprométete en su transformación, clama apasionadamente. Y ademas la otra arma espiritual es la palabra de Dios. Usa la espada de la palabra de Dios, sus promesas, y cuando venga el desánimo podrás decirle al enemigo, no me rendiré por que escrito esta.

Las armas espirituales

Toda guerra requiere de armas. Y la guerra por el alma de tu marido o de tu esposa también tiene armas.

¡Usted cuenta con Cristo y con poderosas armas espirituales¡¡¡

1.- En primer lugar la poderosa arma de la oración.

Esta es una herramienta sumamente importante, necesitamos saber que Dios responde a nuestras oraciones. Que el corazón de Dios anhela que tu cónyuge le conozca y entregue su corazón.

> *"la oración eficaz del justo, puede mucho "* - *Santiago 5:16*

Orar eficazmente, es orar con energía, con pasión y verdadera intensidad por el alma de su cónyuge.

No podremos hacer que alguien tome esa decisión de entregarse a Dios, pero si podemos orar por ese milagro.

2.- En segundo lugar, el armamento pesado, el ayuno.

El ayuno es un arma poderosa que Dios nos ha dado para desatar las ligaduras de impiedad, soltar y romper todo yugo.

(Ver Isaias 58:6). Si en verdad desea la conversión de su esposo, o esposa, ayune por el.

Seamos sabios, hablando primero con Dios en oración y ayuno. Entonces Dios le dará gracia y favor con su cónyuge.

Si de verdad amas a tu cónyuge estarás dispuesto a clamar por su corazón y su vida.

3.- En tercer lugar, la palabra de Dios.

Aprender textos bíblicos de memoria y lanzarlos a la cara del esposo/a o suele ser la mejor forma de atraerlo a Cristo (cuando hablo de la palabra de Dios, no hablo de letra escrita, sino de aquella Palabra que Dios nos da a través de la escritura como promesas en lo privado en nuestra devoción con Dios. Palabra a la cual nos aferramos con fe y que podemos ministrar a nuestro cónyuge en el poder del Espíritu Santo).

Versículos para orar:

Salmos 116:1-2

> Amo a Jehová, pues ha oido, mi voz y mis súplicas

Nehemías 4:14

> Porque ha inclinado a mí su oido, por tanto, le invocare en todos mis días. Después mire, y me levanté y dije a los nobles y a los oficiales, y al resto del pueblo: No temáis delante de ellos; acordaos del Señor, grande y temible, y pelead por vuestros hermanos, por vuestros hijos y por vuestras hijas, por vuestras mujeres y vuestras casas.

Lucas 9:10

> Porque el hijo del hombre vino a salvar lo que se había perdido.

Tiempo de Oración

Acompáñame a orar de la siguiente manera:

Padre Celestial hoy oro por la salvación de mi cónyuge, oro para que te conozca, para que pueda ser lleno de tu presencia, sea atraído con cuerdas de amor a tu corazón. Gracias Padre por que tu corazón palpita de esta manera, que nadie se pierda, tu quieres que procedamos a el arrepentimiento. Padre tu eres quien convence a mi cónyuge para que se acerque a ti y reciba salvación y vida eterna. En el nombre de Jesús. Amén.

Recuerda la importancia de las armas espirituales, estas nos permiten alcanzar una relación de amistad con Dios. Esta en el anhelo del corazón de Dios que tú y tu familia sean salvos, persiste en la oración, en la búsqueda de Dios, y El hará milagros en la vida de tu cónyuge y tus hijos. Persevera.

No descanse hasta que tu cónyuge entregue su vida a Dios. Asóciate con el Espíritu Santo, el te dirigirá y alentará, te sostendrá para que no desmayes. Te animo a no desistir, a continuar caminando en fe, orando por este milagro.

15

Orando por sabiduría en mi matrimonio.

"Si alguno de ustedes requiere de sabiduría, pídasela a Dios, y El se la dará, pues Dios se la da a todos en abundancia y sin hacer ningún reproche" - Santiago 1:5

Uno de los aspectos que debemos orar en el matrimonio, es por sabiduría, para poder edificar un matrimonio fuerte y sólido. Sea cualquier etapa en el matrimonio que estés viviendo, necesitas buscar la sabiduría. Esa clase de sabiduría que se hace visible y embellece el matrimonio.

La sabiduría normalmente se asocia al conocimiento, en ocasiones basado en experiencias, que te permitirán tomar mejores decisiones. Una persona sabia procura actuar de la manera correcta. Sabe lidiar y resolver problemas de manera objetiva y practica. Quién actúa de manera sabia tiende a estar guiado por lo correcto y no lo incorrecto.

> *"Compra la verdad y no la vendas adquiere sabiduría e instrucción e inteligencia"* - *Proverbios 23:23*

La sabiduría te permite resolver problemas objetivamente procurando el bien común y no el individual. Por medio de la sabiduría particularmente la que viene de parte de Dios, que se obtiene en oración, podremos desarrollar lo necesario para el correcto desempeño del matrimonio, lo que antes pudiera parecer imposible de resolver.

Las sabiduría te permitirá caminar sin temor a equivocarnos, evidentemente los matrimonios están expuestos de muchas maneras a cometer errores, que, a largo plazo, sin la deuda intervención divina, pueden tener efectos negativos, y pueden llevarnos esos problemas sin resolver con sabiduría a alejarnos de Dios.

Los errores tienden a desarrollarse por falta de experiencia, poca o mala información, o el mal juicio en la toma de decisiones. Confiar mucho en nosotros mismos, en nuestra autosuficiencia, en lugar de depender plenamente de Dios, de su dirección, de sus tiempos y sus planes, nos hará tropezar en nuestra vida matrimonial.

Entre menos tiempo pasemos con Jesús, mas estaremos expuestos a tomar decisiones basadas en nuestros placeres, deseos e intereses propios. Y aunque tu deseo por algo sea sincero y puro, las acciones que tomes para obtenerlo pueden ser perjudiciales si no van de acuerdo al plan de Dios.

> *"La mujer sabia edifica su casa más la necia con sus manos la derriba" - Proverbios 14:1*

La sabiduría es aquella que nos ayudara a edificar de la manera correcta a nuestro matrimonio. ¿Cómo adquiero sabiduría? Pidámosla a Dios, el nos la dará sin medida y sin reproche. Busquemos a Dios. Y pidamos sabiduría para cada día.

¿Te has equivocado en alguna área de tu matrimonio? Corre a buscar a Dios, pide perdón, el te ayudará a salir adelante y retomar el camino de la sabiduría.

"El principio de la sabiduría es el temor al Señor" -Proverbios 1:7

Algunos de los errores mas comunes que se pueden suscitar en una pareja son:

- Dejar a Dios en segundo plano

- No planificar o diseñar un futuro juntos.

- Querer resolverlo todo en tu propia fuerza.

La autosuficiencia

A Abraham y Sara, Dios les había prometido un heredero. Después de aproximadamente diez años de estar esperando la promesa, a Sara se le ocurre una brillante idea, darle a Abraham su esclava como madre sustituta.

"El Señor me ha hecho estéril. Por lo tanto, aquí esta mi esclava Agar. Tal vez por medio de ella podré tener hijos." - Génesis 16:2

Cuidado con los "tal vez", cuando tengas que tomar una decisión trascendental, con serias implicaciones a tu vida, y la frase "tal vez" se asome, es mejor esperar para decidir. El esperar evitará frustraciones y decepciones postreras.

Agar desprecio a su Señora. Sara le reclama a Abraham y le dice, tu tienes la culpa de mi afrenta. Sara comenzó a maltratar a a Agar, este asunto angustió mucho a Abraham.

Desprecio, maltrato, culpa, burla, todo esto llegó a ese hogar al cometer un error. Su deseo de tener un hijo basado en la promesa de Dios era noble, pero las acciones que tomaron para producir ese deseo en su tiempo y no en el del Señor, trajeron tiempos de intranquilidad a su matrimonio.

Abraham y Sara eran un matrimonio temeroso de Dios, le servían; sin embargo, se equivocaron. Por eso es necesario el ser incesantes en la oración, posicionarte en un nivel de cercanía a Dios, lo que te permitirá caminar en sabiduría y disminuir la posibilidad de error. Y tener mayores aciertos en l toma de decisiones.

"Confía en el Señor y haz el bien, establécete en la tierra y mantente fiel. Deléitate en el Señor, y el te concederá los deseos de tu corazón. Encomienda al Señor tu camino, confía en el él, y el hará. - Salmos 37:35

Versículos para orar:

Proverbios 14:1

> La mujer sabia edifica su casa, mas la necia con sus manos la derriba

Proverbios 24:3-4

> Porque con sabiduría se edificará la casa. Y con prudencia se afirmará, y con ciencia se llenarán las cámaras de todo bien preciado

Santiago 1:5

> Y si alguno de vosotros tiene falta de sabiduría, pídasela a Dios, el cual da a todos abundantemente y sin reproche, y le será dada

Proverbios 1:7

> El principio de la sabiduría es el temor al Señor

Tiempo de Oración

Acompáñame a orar de la siguiente manera:

Padre, oro por sabiduría para mi matrimonio, esa sabiduría que tu nos das abundantemente y sin reproche, gracias Padre por esa sabiduría que se hace visible en mi matrimonio. Gracias por que mi cónyuge camina en sabiduría, gracias Padre por esa enorme bendición en el nombre de Jesús. Amén.

Recordemos que el mejor lugar para adquirir sabiduría es en la presencia de Dios. Lo mejor que podemos hacer para nuestra vida matrimonial es estar cerca de Dios. Hay que ser humildes y reconocer que necesitaos sabiduría de parte de Dios. En el tendrás la suficiente sabiduría para lidiar con cualquier asunto matrimonial. Seamos incesantes en la oración, te animo a hacer de la oración un estilo de vida permanente.

Reflexión: El matrimonio es un proyecto común que hay que ir creando día a día. En ese proceso, nuestro enfoque debe estar centrado en las soluciones y no en los problemas.

16

Superando la crisis en el matrimonio.

"Porque esta breve tribulación momentánea produce en nosotros un cada vez mas excelente y eterno peso de gloria". - 2 corintios 4:17

Muchas veces podemos pensar que estamos pasando momentos malos en el matrimonio, creer que lo que estamos viviendo es insoportable. En Dios las pruebas están hechas para nuestro crecimiento, para que nos hagamos más cercanos a El y lo busquemos fervientemente. Las pruebas deben fortalecer nuestra fe.

En 2 Corintios 4:17 El Apóstol Pablo nos habla del peso de gloria que producen las pruebas. Dios forma en nosotros carácter por medio de la crisis. Pablo escribe este versículo en la cárcel, tras pasar tortura, desprecio, hambre, en la peor de las circunstancias y aun así le llama breve tribulación momentánea.

En algún momento, vendrán tiempos de crisis al matrimonio, algunas veces se podrán presentar de manera imprevista, como ese examen que te hacen repentinamente y sin avisar. Los problemas pueden golpear a tu puerta, como por ejemplo: la crisis financiera, enfermedad o la muerte de los seres queridos. Son muchas las cosas que un matrimonio puede presentar y traer inestabilidad en la vida matrimonial.

"Pero ahora los exhorto a tener buen ánimo"
- Hechos 27:22

El problema no es la crisis sino la manera en que nosotros vemos cada situación. Debemos aprender a ver la mano de Dios en medio de toda crisis. Las pruebas deben producir en nosotros un cada vez más excelente y eterno peso de gloria. No hay tormenta que sea eterna, ni noche que no acabe, Dios estará contigo en medio e la crisis.

"David dijo: por la noche vendrá el lloro, pero por la mañana vendrá la alegría" -Salmos 30:5

Hay tempestades que se levantaran contra tu vida, porque por la desobediencia y el pecado las hemos producido, el no te las manos. Hay tempestades que son en consecuencia de una vida alejada de Dios, por qué no estas viviendo la vida que Dios quiere que vivas. Y hay tempestades que viene de parte de Dios porque son parte del proceso de formarnos y madurarnos, llevarnos a cumplir el propósito de Dios en nuestro matrimonio.

Independientemente de lo que esta pasando en tu vida, las crisis nos debe acercar a buscar a Dios, a crecer en nuestra relación co El. Dios nos está guiando a escuchar su voz, a que El sea la voz que escuchemos en los tiempos de angustia.

Persevera en medio de la tormenta y ponte atento a escuchar la voz de Dios.

Abraza el proceso de Dios para poder superar la prueba. A Dios le gusta pasarnos por la tormenta para promovernos y sacar el oro de nuestras vidas.

Si estas pasando por alguna crisis, entendernos que Dios tiene propósitos grandes. Probablemente no los ves ahorita, pero después lo entenderemos, y cuando pase la tormenta tú mismo dirás, Si Señor era necesario. Y cuando Dios permite esta tormenta, el no te dejará solo, ten por seguro que, si Dios está en el bote, el te llevará seguro al otro lado. Solo asegúrate de que Dios este en el bote. Nunca te sueltes de El.

Jesús mismo dijo en Juan 16:33 " en el mundo tendréis aflicción, pero confiado yo he vencido al mundo."

Tenemos la confianza de la plenitud del cuidado tan especial de Dios. Tenemos la certeza que nuestro matrimonio está en sus manos, lo único que tenemos que hacer es confiar en el.

En el momento en donde empezamos a tratar de actuar por nuestra cuenta, tratando de solucionar las cosas con nuestras propias fuerza, en ese momento tratamos de luchar en nuestra fuerza, corremos mucho riesgo.

No luches solo contra el mundo, no luches solo contra la crisis, pon a Dios en primer lugar, se humilde y pide ayuda. Los tiempos de crisis son tiempos en donde Dios quiere que veamos su providencia, su cuidado divino, y su guía hacia nosotros. Que estemos atentos a escuchar la voz de Dios y que seamos humildes para reconocer nuestros errores y dejar que El actué en nuestra vida.

Recuerda en medio de la tempestad y de la crisis.

- No abandones el barco, no seas de los que retroceden, vamos a esperar con paciencia, un poco mas de tiempo y Dios se manifestará.

- Busca a Dios como nunca antes ente vida. No pierdas el animo de orar, ora como nunca antes, adora como nunca antes, en medio de la dificultad clama como nunca antes. El obrará, la crisis pasará.

¿Estas pasando por alguna crisis o prueba en el matrimonio?

Se valiente, cobra animo, veras la manifestación de la gloria de Dios en tu matrimonio. Busca solucionar la crisis o con tu fuerza, sino con la fuerza de nuestro Dios. Se valiente desde la fortaleza que Dios ha puesto en ti. Persevera en la oración.

> *"No temas, porque yo te redimí, te puse nombre, mío eres tú. Cuando pases por las aguas, yo estaré contigo, y si por los ríos, no te anegaran. Cuando pases por el fuego, no te quemaras, ni la llama arderá en ti." - Isaias 43:1-2*

La base del reto, es buscar y establecer, es reforzar una mejor comunicación con Dios. Conocer lo profundo del corazón de Dios, someter mi voluntad propia, someter la vida de mi matrimonio bajo el señorío de Cristo.

Si tu fe no está puesta en Dios, vas a desfallecer.

Versículos para orar:

Juan 14:27

> La Paz os dejo, mi paz os doy; yo no os la doy como el mundo la da. No se turbe vuestro corazón, ni tenga miedo.

Nahum 1:7

> Jehová es bueno, fortaleza en el día de la angustia; y conoce a los que en el confían.

Salmos 55:16-18

> En cuanto a mi, a Dios clamaré; y Jehová me salvara. Tarde y mañana y a mediodía oraré y clamaré. Y el oirá mi voz. El redimirá en paz mi alma de la guerra contra mi. Aunque contra mi haya muchos.

Isaias 41:10

> No temas, porque yo estoy contigo; no desmayes, porque yo soy tu Dios que te esfuerzo; siempre te ayudaré, siempre te sustentaré con la diestra de mi justicia.

Salmos 4:1b

> Cuando estaba en angustia, tu me hiciste ensanchar, ten misericordia de mi, y oye mi oración.

Tiempo de Oración

Acompáñame a orar de la siguiente manera:

Oremos en este momento por los matrimonios en crisis, Señor que puedas afianzarse en fe, aún en medio de las circunstancias más adversas, que en medio de toda necesidad, tu seas nuestro restaurador, sanador, proveedor, nuestro refugio y pronto amparo en medio de la crisis. Amén.

Asegúrate que Jesús este en la barca de tu matrimonio. Volvamos a ese diseño original donde incluyamos a Dios en el matrimonio. Esta tempestad que estás viviendo será para madurarnos, formarnos, y que lleguemos al cumplimiento del propósito de Dios en nuestro matrimonio.

Si tenemos la seguridad de que Dios no nos soltará, que el estará siempre con nosotros y nuestro matrimonio, ya tenemos la victoria.

A manera de Testimonio:

Recordábamos en estos 34 años de matrimonio, las cosas tan difíciles que hemos vivido, pasamos por escasez económica, enfermedad de nuestros hijos, la muerte de nuestros padres. Tantas cosas vividas en estos años. Pero con cuanta paz pudimos recordar que en medio de todo detalle Dios estuvo con nosotros.

En nuestra inexperiencia en los inicios de nuestro matrimonio aprendimos a depender de Dios en todo momento.

Una de las crisis en nuestros inicios matrimoniales, fue le diagnostico medico en nuestro embarazo de nuestro primer hijo, ante una enfermedad de hipertiroidismo, corría el riesgo de perder a nuestro bebé, o que naciera prematuro, o que si todo estaba bien, tendría algún trastorno mental.

Nos aferramos a Dios, lo incluimos en nuestro caminar, y Dios siempre fiel revirtió todo diagnostico. Nuestro hijo nació perfectamente bien, y sin ningún trastorno de ninguna índole.

Hoy podemos declarar que su bondad es grande.

> **"Tenemos que orar con la mirada puesta en Dios, no en las dificultades."**
>
> **Oswald Chambers**

17

La prioridad en el matrimonio.

"Amaras a Dios con todo tu corazón, y con toda tu alma, y con toda tu mente y con todas tus fuerzas"

- Marcos 12:30

A veces nos olvidamos de la verdadera prioridad en nuestro matrimonio. Y podemos poner en un lugar que no corresponde a nuestro cónyuge e hijos.

De esa manera no le daremos propósito al pacto matrimonial. Si aplicamos el orden de las prioridades en nuestra vida, esto os permitirá tener un matrimonio a la manera de Dios.

El principal mandamiento es amar a Dios por encima de todo, de cualquier cosa, persona, posesión. Y lo que hará granDioso nuestro matrimonio es poner en primer lugar a Dios. A veces buscamos a Dios por los beneficios que nos pueda otorgar sin tomar en cuenta relacionarnos con El.

Si hacemos un compromiso con Dios en lo individual, este pacto con Dios derivara en un compromiso en nuestro matrimonio.

Nadie puede ocupar el primer lugar en tu matrimonio, solo Dios.

<u>Esto principio no es negociable.</u>

El tratar de poner en primer lugar a tu esposo o esposa antes que a Dios, nos hará tropezar en nuestra vida.

El segundo mandamiento es amar a tu prójimo como a ti mismo. A veces nos amamos tanto que no sabemos cómo expresar ese amor a nuestro prójimo. Porque solo nos quedamos con ese amor propio tratando de satisfacer primero nuestros propios deseos, sin tomar en cuenta a nuestro cónyuge.

Las parejas que tienen a Dios como su principal afecto, cuando estamos conectados a la fuente correcta, tenemos lo que necesitamos para poder amar a nuestro prójimo como a nosotros mismos (Marcos 12:30).

> *"Y amarás al Señor tu Dios con todo tu corazón, y con toda tu alma, y con toda tu mente y con toda tus fuerzas. Este es el principal mandamiento. Y el segundo es semejante: Amaras ato prójimo como a ti mismo. No hay otro mandamiento mayor que estos " - Marcos 12:30-31*

Esto nos da el orden importante. Primero amamos a Dios con todo nuestro corazón y después amamos a los demás. El punto es que no podremos amar a los demás sino le amamos primero.

Si como matrimonios nos comprometemos con buscar el amor de Dios y este fluye a través de nosotros, Dios entonces usará nuestras vidas para compartir a otros de su gran amor.

Esto es de suma importancia recordarlo, por que nos ayudara a enfocar nuestra mirada en Dios, y no dejar que su lugar lo ocupe nuestro cónyuge. Dios debe ser el centro de nuestras vidas, el matrimonio falla cuando ponemos a nuestro cónyuge en el lugar que le corresponde a Dios. Si ponemos a cualquier persona o cosa en el lugar de Dios estanos cometiendo idolatría.

Cuando Dios es primero eso hará que nos volvamos personas humildes, compasivas, amorosas con las personas que nos rodean.

Si Dios es nuestro todo, entonces podemos amar y ver a las personas con el mismo amor que Dios ve a las personas. Podemos amar de la manera que Jesús ama, sin importar los errores, porque sabemos bien nuestra posición desde el corazón de Dios. El es nuestro refugio, solamente en El tenemos un lugar seguro, y solo desde ese lugar podremos amar a las demás personas.

> *"Prueben y vean que el Señor es bueno: ¡Que alegría para los que se refugian en el¡¡ - Salmos 34:8*

¡Qué bendición es saber que cuando llevamos una correcta relación con Dios y le damos el lugar correcto, tu matrimonio tendrá éxito.!

El problema es que por los afanes de la vida, por querer edificar con nuestra propia fuerza, por olvidarnos de Dios, sufrimos las consecuencias de hacer todo en nuestra voluntad.

Cuanto perdemos por caminar alrededor de nuestros cónyuges sin tomar en cuenta a Dios.

Lo mejor que nos puede pasar en nuestro matrimonio es que nuestro cónyuge ame a Dios antes que a nosotros. Ese el el orden correcto. De ahí veremos la victoria en nuestro matrimonio.

A manera de testimonio:

Hace mucho tiempo cuando iniciamos la obra en la iglesia que Dios nos encomendó, llego una mujer que oraba y clamaba por la conversión de su esposo.

Todos los domingos terminaba en el altar suplicando por su esposo. Un día su esposo Juan llego a la iglesia y al poco tiempo se enamoro de Dios y empezó a servirle con una pasión única. Se sabia amado y perdonado motivo suficiente para servirle de la manera que lo estaba haciendo.

Maria empezó a incomodarse ante el cambio de Juan, y al grado de que se acerco a mi esposo, y le dijo : Pastor ya no me está gustando que Juan pase tanto tiempo en la iglesia.

Al poco tiempo Maria empezó a poner pretextos para no ir "tantos domingos " a la iglesia. Y se empezaron a alejar. Poco tiempo basto para que empezaran a tomar decisiones incorrectas.

Celebraron la bondad de Dios y el milagro de un hijo.

Pero en poco tiempo ya no supimos de ellos. Hasta que nos enteramos que al final se habían separado y su matrimonio no sobrevivió a a ausencia de Dios.

Esto es lo que nos anima a insistir en nuestra relación con Dios. El es nuestra prioridad. Nuestro matrimonio se fortalecerá si nuestra relación con Dios es fuerte.

> *"El matrimonio requiere un compromiso radical para amar a nuestros cónyuges tal y cómo son mientras anhelamos que lleguen a ser lo que aún no son. Los matrimonios o bien tienden a realzar la gloria de la otra persona o degradarse mutuamente"*
>
> *- Dan Allender y Tremper Logman*

Versículos para orar:

Mateo 6:33

> Más buscad primeramente el reino de Dios y su justicia, y todas estas cosas os serán añadidas.

Deuteronomio 4.24

> Porque Jehová tu Dios es fuego consumidor, Dios celoso.

Deuteronomio: 7:9

> Conoce, pues, que Jehová tu Dios, es Dios, Dios fiel, que guarda el pacto y la misericordia a los que le aman y guardan sus mandamientos, hasta mil generaciones.

Tiempo de Oración

Acompáñame a orar de la siguiente manera:

Oramos para sea Dios lo primero en nuestro matrimonio, enfocamos toda nuestra alabanza y adoración a El. Señor tu sustentas nuestra vida y a ti pertenecemos. Te pedimos perdón por no haberte tomado en cuenta como lo primero en nuestro matrimonio. Gracias Padre por hacernos voltear a verte como el único y principal amor en nuestra vida, el el hombre de Jesús. Amén.

Esta será la clave para tu matrimonio, que Dios ocupe el primer lugar en ti vida. Te motivo a que amemos a Dios con toda nuestra mente, nuestro corazón y nuestra fuerza. Si aprendemos a amar de esa manera a Dios entonces podrás amar a tu cónyuge como a ti mismo.

18

Matrimonios Restaurados

"Reconstruirán las ruinas antiguas, reparando ciudades destruidas hace mucho tiempo. Las resucitarán, aunque hayan estado desiertas por muchas generaciones" -Isaias 61:4 NTV

En este pasaje vemos el resultado de la obra del Espíritu Santo sobre las personas, sanar a los corazones heridos, a proclamar libertad a los cautivos, a pregonar el año del favor del Señor, a darles corona en lugar de ceniza, aceite de alegría en vez de luto, traje de fiesta en vez de espíritu de desaliento. Serán llamados arboles de justicia para mostrar su gloria.

¿Cuál es el propósito de ver a los matrimonios restaurados? Los matrimonios que han pasado por circunstancias difíciles tienen que saber cuál es el motivo o propósito correcto para ser restaurados. Dios nos lleva a que veamos el matrimonio como El lo ve.

Dios quiere traer una absoluta restauración par cada matrimonio, aquellos que están quebrantados, a los que han estado cautivos, a los que están en luto, a los heridos. Dios cambiará el rumbo de nuestro matrimonio, el quiere volver a escribir una historia diferente. La restauración está el corazón de Dios para nuestro matrimonio. Dios quiere restaurarnos y llamarnos robles de justicia, plantíos del Señor para su gloria.

Así es como se reedificaran las ruinas de las ciudades arruinadas, así Dios quiere hacer al traer restauración al matrimonio.

Va más allá de una oración contestada, va mas allá de poder disfrutar un matrimonio hermoso, va más allá de la felicidad que esto te puede traer, va más allá de un logro obtenido. El quiere hacer algo nuevo.

Dios nos edifica y restaura para que seamos usados en la áreas en donde nuestras vidas estaban destruidas. El es experto en sacar las cenizas algo con vida. De las cenizas de tu matrimonio, Dios puede sacar la vida necesaria para ayudar a otros matrimonios.

Aquellos que han sido transformados radicalmente en sus vidas, los que fueron restaurados de las ruinas, son los que irán y recataran a las personas que están viviendo en la misma situación de donde Dios los rescato.

Dios usará a aquellos quebrantados, a los que fueron restaurados, para que sean arboles de justicia, plantíos del Señor para su gloria.

Cuando entendemos esto, entonces podremos seguir orando con un propósito, siendo muy intencionales, por que sabes que cuando tu matrimonio sea restaurado, serás usado para traer restauración a otros matrimonios.

El propósito de la restauración no es solo traer alegría a tu vida, sino el poder edificar a otras personas con problemas similares a los que tú tenias.

Dios nos bendice para que podamos ser de bendición, para ser de testimonio a las personas que os rodean.

No desmayes, sigue orando, Dios se glorificará en medio de tu debilidad. Porque el poder de Dios se perfecciona en tu debilidad. Lo que era tu debilidad ha pasado a ser tu fortaleza.

Pero quizás te preguntes: ¿Tengo que tener una total victoria en este problema para poder traer libertad a alguien mas ? La respuesta es NO. Si así fuera ninguno de nosotros pudiera ayudar a nadie.

David usaba la espada de Goliat (aquella con la que Goliat lo trato de matar) para muchos combates. Lo que estaba diseñado para destruir a David, ahora es usado como una arma para darle fuerza. Lo que el enemigo a querido usar como tu mayor debilidad es ahora su mas grande fortaleza.

Dios nos ha dado llaves que ayudaran a la vida de otras personas. ¿De que te ha rescatado Dios?¿De la depresión ? ¿De las adicciones ?

Tu más grande debilidad será tu más grande fortaleza.

Versículos para orar:

Proverbios 3:5-6

> Confía en el Señor de todo tu corazón, y no en tu propia inteligencia. Reconoce en todos tus caminos, y el allanará tus sendas.

Josue 1:9

> Yo te pido que seas fuerte y valiente, que no te desanimes ni tengas miedo, porque yo soy tu Dios, y te ayudaré por dondequiera que vayas.

Romanos 8:28

> Sabemos que Dios va preparando todo para el bien de los que lo aman, es decir, de los que El ha llamado de acuerdo con su plan.

Tiempo de Oración

Acompáñame a orar de la siguiente manera:

Oramos por la restauración de cada matrimonio, Señor que aun en medio de la peor crisis sea cada matrimonio sea restaurado.

Señor levanta matrimonios que sean usados como restauradores de las ruinas antiguas para gloria de Dios. Señor gracias por cada milagro de restauración matrimonial. Gracias Señor por cada matrimonio que será usado como restauradores de vidas en el nombre de Jesús. Amén.

Dios quiere mostrar las riquezas de su gloria en ti y a través de ti. Todo lo que Dios quiere hacer en tu vida y en tu matrimonio es para que su nombre sea glorificado. El mayor recurso que tenemos es el Espíritu Santo. Oremos por matrimonios restaurados con este propósito.

19

La pureza sexual en el matrimonio.

"Honren al matrimonio, y los casos manténganse
fieles el uno al otro" - Hebreos 13:4

E l otro día invitamos a comer en nuestra casa a uno de mis hijos juntamente con su esposa y sus dos hijos. De pronto en medio de la conversación de mesa, mi hijo empieza a hablar de la palabra "pecado". Inmediatamente después de esto mi nieto Pablo corrige a su papá y le dice: "no se dice pecado papá, se dice PESCADO". Reímos ante la inocencia de mi nieto. En la inocencia y pureza de un niño de tres años, la palabra pecado, no existe, es un concepto nuevo.

Dios nos llama a que guardemos la inocencia y pureza de un niño, que mantengamos nuestras vidas limpias del pecado. Que seamos como si desconociéramos el pecado, como si no supiéramos de qué se trata. Esa pureza e inocencia que solo se consigue cuando nos acercamos a Dios.

Cuando Adán y Eva desobedecieron a Dios, el pecado trajo consecuencias en sus vidas. El pecado lastimó y causó heridas de gran impacto en sus vidas. Sus ojos fueron abiertos y se vieron desnudos y sintieron gran vergüenza al verse así. La vergüenza que sintieron al estar desnudos fue de gran impacto.

El área de la sexualidad en el matrimonio ha sido herida y golpeada profundamente en el matrimonio por el pecado, y necesitamos recuperare esa pureza y sanar toda herida en el área de la sexualidad donde hemos sentido vergüenza, culpa y lamento.

Necesitamos que Dios ponga en nuestras vidas un corazón puro como el dé un niño.

Para muchos esta lucha por la dureza sexual en el matrimonio viene a ser una de las batallas más grandes en su vida conyugal. Dios nos hace una invitación como matrimonios, a orar y hacer un pacto con El, para recuperar la pureza sexual en nuestra vida.

Será tiempo de examinar nuestros corazones y volver a ese estado de pureza. Es necesario quitar todo eso que no agrada a Dios, cualquier inmoralidad, pecado sexual, adicción a la pornografía, etc.

Entreguemos por completo nuestros corazones a Dios, en sacrificio puro.

Debemos hacer un pacto en nuestro matrimonio, de no contaminar el lecho conyugal. Es necesario sellar nuestros corazones en obediencia a Dios en los momentos y en la áreas que nos sintamos mas vulnerables.

La biblia nos dice :"Resistid tal diablo y huye de la tentación" Santiago 4:7. A veces queremos resistir a la tentación, pero la Biblia es muy clara respecto a esta palabra, nos dice, "Huye de la tentación". Al hacer pacto conDios, el pacto nos preserva, te guarda, remueve cualquier posibilidad de dejarte seducir por la tentación.

"Dios bendice a los que tienen corazón puro, porque ellos verán a Dios." -Mateo 5:8 NTV

La pureza de corazón nos permite no solamente experimentar las bendiciones de Dios para nuestras vidas, sino aun más importante el poder verlo a El. Dios quiere que mantengamos un corazón puro en nuestro matrimonio para que podamos verlo a El en todo y que nuestro matrimonio sea bendito. Tenemos la mayor recompensa de todas si decidimos hacer un pacto de pureza con Dios, y es el verlo a El.

Un corazón limpio nos abrirá un camino cerca del corazón de Dios, nos permitirá escuchar los latidos del corazón del Padre y poder tomar mejores decisiones en el matrimonio.

Dios bendecirá tu matrimonio cuando decides hacer un énfasis en la pureza y la santidad como sacrificio a El.

Hagamos un pacto de consagración matrimonial. La consagración de todo corazón y sin reservas en tu sexualidad es el plan de Dios para tu matrimonio. La pureza sexual te permitirá mantener un corazón limpio y puro. Vale la pena intentarlo.

Dio te recompensará.

"Crea en mi, oh Dios, un corazón limpio y renueva un espíritu fiel dentro de mi"
- Salmos 51:10

Un pacto que incluye a Dios como parte indispensable en tu vida, pondrá una muralla de protección en tu vida, en este tiempo donde las imágenes sexuales incorrectas dominan los meDios de comunicación, y el libre acceso a todo esto esta a la orden del día. Nunca antes, los meDios que comprometen la integridad, habían sido tan accesibles, económicos y anónimos como hoy en día.

El pecado sexual está a un click de distancia. Sin duda el infierno ha lanzado una ofensiva en contra de la generación de hoy para derribar la pureza y atraerlos a un estilo de vida contrario al propósito de Dios. Por tanto debemos ser intencionales en conservar un pacto con Dios, y huir de toda tentación en el área sexual.

Esto no lo harás solo, primero que nada tienes a Dios de tu lado, en el momento que hagas un pacto de pureza con Dios, el renovará en ti un espíritu fiel. El Espíritu Santo será tu guía para poder caminar en el pacto que has hecho con Dios. El te dará la fortaleza necesaria.

"Toda buena dádiva y todo don perfecto desciende de lo alto, del Padre de las luces, en el cual no hay mudanza, ni sobra de variación."

-Santiago 1:7

Todo don perfecto y toda buena dádiva proviene de Dios. Dios es perfecto y siempre bueno. Para mantenernos puros debemos estar cerca de nuestro Padre Celestial, en el cual no hay mudanza, no hay sombra de variación.

El propósito de la pureza y de la santidad no es que seamos mejores personas, ni para rescatar nuestro matrimonio, Dios lo hará por que es su voluntad, el verdadero propósito de guardar este enfoque en el matrimonio   es que nuestras acciones sean de adoración para El, es nuestra amor a el suficiente motivo para vivir en pureza.

Debemos tener un corazón humilde para reconocer nuestros pecados, saber pedir ayuda a Dios para caminar firmes en su palabra.

Entender que no podemos solos, necesitamos de Jesús, necesitamos fortalecer nuestra relación con El. Mantente firme en Dios.

Versículos para orar:

Jeremias 33:6

> He aquí yo les traeré sanidad y medicina, y los curaré, y les revelaré abundancia de paz y de verdad.

Proverbios 28.13

> El que encubre sus pecados no prosperará, mas el que los confiesa y se aparta alcanzara misericordia.

Hebreos 13:4

> Honroso sea en todos el matrimonio, y el lecho sin mancilla; pero a los fornicamos y a los adúlteros los juzgará Dios.

Tiempo de Oración

Acompáñame a orar de la siguiente manera:

Oremos por los matrimonios par que sean liberados de toda inmoralidad sexual, de toda adicción a la pornografía, y que sean libres de toda atadura de impureza sexual. Oramos por los matrimonio que se mantienen en fidelidad y honor, gracias Padre por cada matrimonio que se a restablecido y viviendo en pureza sexual. En el nombre de Jesús. Amén.

Pidele a Dios que sea restablecido en tu matrimonio el correcto diseño de pureza que el preparó en tu vida. Te animo a ser persistente en el reto, a pedir sabiamente en base a lo que hemos aprendido.

Que tu vida y la de tu cónyuge sea guiados a un pacto de pureza y que toda inmoralidad sexual en el matrimonio, sea quitado en tu vida.

20

El legado en el matrimonio.

"Las cuerdas me cayeron en lugares deleitosos y es hermosa la heredad que me a tocado" -Salmos 16:6

Un legado es básicamente lo que recibimos de manos de otro y lo pasamos a los que vienen después de nosotros, como sucede con una estafeta. Cada vida y cada familia forma una historia, Dios hizo a cada familia y cada matrimonio de una forma única y especial con el propósito de darle la gloria a El.

Dios quiere establecer un legado en tu familia, este legado lleva consigo un valor que se incrementa de generación ene generación. Es una estafeta que se va pasando de mano en mano. Debemos de tener un compromiso de orar y pelear por nuestro matrimonio, por un legado a las siguientes generaciones, a nuestros hijo y a los hijos de nuestros hijos.

Hay luchas que son indispensables llevar a cabo en las cuales tenemos que afirmar nuestra fe en oración. No podemos luchar por nuestras propias fuerzas, la mejor manera de pelear es en oración.

No debemos rendirnos y creer que se han perdido las grandes batallas a favor de la familia, la vida y el matrimonio, debemos continuar orando, ser incesantes en la oración por nuestra familias, esposos e hijos.

El ataque que hoy vive la familia, es una moda que no perdurará por mucho tiempo, y aunque quedaran las consecuencias de las decisiones que se tomaron, la diferencia la hará, la generación valiente, que surge de hogares unidos y fuertes, inspirados en las verdades bíblicas, aquellos que han actuado con congruencia y han decidido obedecer a Dios.

El Señor quiere que en nuestro hogar hagamos alta familiar, que nuestra familia entera sirva a Dios. El mejor legado que podemos dejar a nuestros hijos es el de una ferviente relación con Dios.

Como Padres nunca debemos olvidar que somos los primeros responsables y los que debemos marcar la hoja de ruta de nuestros hijos.

Inspirar, educar y formar a los más pequeños de casa, es nuestra responsabilidad y privilegio. Como creyentes debemos formar a nuestros hijos que sean líderes y personas que gobiernen de acuerdo al Reino de los Cielos, con justicia, paz y gozo.

Nuestra familia puede estar conformada por un excelente esposo, por excelentes hijos, por personas con grandes estándares de valores y ética.

Todo esto es importante, pero al final lo más importante no es tener un esposo o hijos "buenos" o que no hagan el mal. Lo mas importante es una familia que ame y sirva a Dios.

> *"Los sabios tomarán todo muy en serio, verán en nuestra historia el fiel amor de Dios." - Salmo 107:43*

Dios nos está permitiendo construir un legado, de familias que amen a Dios con todo su corazón, de generación en generación.

No importa cómo este conformada su familia, ni cuales han sido sus orígenes, tenemos el privilegio de marcar el destino de la nueva generación para que hagan una diferencia, vivan para Dios y sean determinados en sus convicciones.

La mejor manera de dejar un legado es que nuestros hijos sean inspirados por nuestra pasión por Dios. Nacimos para marcar generaciones de nuestros hijos.

Dios quiere que tus generaciones trasciendan el tiempo. Que nuestra familia influencie a futuras generaciones con un mensaje de esperanza y de la eternidad de Dios.

Nuestros hijos nos proyectan hacia un futuro que no veremos, y nos dan la esperanza de que nuestra historia personal no se acaba con nosotros, sino que seguirá en ellos, y en los hijos de nuestros hijos, marcando así una linea familiar generacional, un legado que seguirá hablando del amor de Dios por generaciones.

"No tengan miedo de esa gente. Recuerden que el Señor es grande y temible. Luchemos por defender a nuestros hermanos, nuestros hijos, nuestras hijas y nuestras esposas; ¡Luchemos por nuestros hogares!" - Nehemías 4:14

Tu matrimonio tiene el potencial de dejar el testimonio de el poder y la gracia de Dios. No importa las malas experiencias que has pasado en tu matrimonio, Dios todavía puede y quiere hacer algo perfecto en tu familia.

Tu historia imperfecta corregida por Dios, es lo que el quiere usar como testimonio de que es posible la transformación. Un matrimonio quebrantado pero rescatado por la gracia de Dios será usado como testimonio del amor de Dios.

Versículos para orar:

Daniel 4:3

¡Cuán grandes son sus señales, y cuan potentes sus maravillas! Su reino, reino sempiterno, y su señorío es de generación en generación.

Salmos 112:2

> Su descendencia será poderosa en la tierra, la generación de los rectos será bendita.

Lamentaciones 5:19

> Mas tu, Jehová, permanecerás para siempre, tu trono de generación en generación.

Salmos 16:6-8

> Las cuerdas me cayeron en lugares deleitosos, y es hermosa la heredad que me ha tocado. Bendeciré a Jehová que me aconseja; Aun en las noches me enseña mi conciencia. A Jehová he puesto siempre delante de mí, porque está a mi diestra, no seré conmovido.

Tiempo de Oración

Acompáñame a orar de la siguiente manera:

Oramos por un legado de incremento en nuestro matrimonio. Oramos por establecernos como amigos de Dios para que nuestras generaciones hereden este legado, oramos por generaciones completas viviendo en pacto con Dios.

Padre bendice nuestra generaciones. Bendice nuestro legado, nuestros hijos y los hijos de nuestros hijos caminaran en pacto contigo, en el nombre de Jesús. Amén.

Vale la pena orar e insistir de rodillas, clamar para que Dios restaure y fortalezca la unión matrimonial. Si insistimos en la oración, dejaremos un legado a las siguientes generaciones.

Oremos por cada matrimonio, cada milagro de restauración, cada matrimonio sanado, y por ese legado generacional.

21

Matrimonios en la roca.

"Cualquiera pues que oye estas palabras y las hace, lo comparare a un hombre prudente que edificó su casa sobre la roca" - Mateo 7:24

Una relación matrimonial es como un jardín, tiene que ser regado, abonado. Cuando iniciamos la aventura matrimonial nunca imaginamos por donde nos dirigiría el Señor, muchos han pasado por desiertos, tiempos de sequía, momentos de clama, bellos recuerdos. La vida matrimonial no es facto, muchas veces requiere sacrificio y entrega, pero no debemos rendirnos ante las pruebas, debemos seguir esforzándonos pata edificar en Dios.

En el matrimonio descubrimos que continuamos aprendiendo, no hemos llegado a la meta, simplemente seguimos en el camino, descubriendo nuevas formas de mejorar.

Ademas que no debemos olvidar de algo muy importante, no estamos solos. Dios nos acompaña, ya que sabemos que cordón de tres dobleces no se rompe fácilmente.

Si estás viviendo una situación donde no ves salida para tu relación, te quiero animar a seguir adelante, todo es posible en Dios. Quizá después de este reto de 21 días no has visto cambios en tu vida matrimonial, pero Dios ya esta trabajando.

"Si el Señor no edifica la casa, en vano trabajan los que la edifican." - Salmos 127:1

A manera de testimonio:

Mi esposo y yo somos originarios de Mazatlán, Sinaloa, una ciudad que esta localizada en un puerto donde son frecuentes las fuertes tormentas, huracanes, etc.

Cuando mi papá estaba construyendo nuestra casa, recuerdo que la mayor parte del tiempo, del esfuerzo y del recurso, se fue en construir esa casa con buenos cimientos.

Fuimos testigos de varias casas que fueron devastadas por huracanes y mi Papá se quería asegurar que nuestra casa iba a tener los cimientos necesarios para soportar cualquier tempestad. También se debe considerar la importancia de seguir los planes adecuados para que nuestra casa tenga los cimientos y fundamentos convenientes, y no se derrumbe cuando llegue los malos momentos.

Eso aplica de igual manera para nuestra vida matrimonial. Todo hogar debe ser construido y edificado sobre la base y el fundamento de la palabra de Dios.

Dios es el arquitecto y diseñador de nuestro matrimonio, y ademas todo hogar, toda casa, debe ser construida sobre un terreno adecuado, tener un cimiento solido y contar con materiales de calidad.

Si nuestro matrimonio esta fundamentado en otras cosas que no sean la palabra de Dios, cuando lleguen los momentos malos, las tempestad en nuestra vida, fácilmente nuestro matrimonio podrá ser destruido. Nuestra seguridad debe estar en la base solida que tenemos en Jesús.

Durante este tiempo hemos aprendido acerca de la oración para las diferentes circunstancias del matrimonio. La manera de edificar es poniendo en practica lo que su palabra nos ha dicho. Seamos diligentes al poner en practica el consejo de la palabra.

El edificar el matrimonio requiere esfuerzo, un esfuerzo diario, el cambio requiere esfuerzo; a veces tomaremos decisiones radicales, y puede resultar doloroso, incluso desalentador y difícil, pero el costo de no cambiar es mucho más alto.

Seguramente todos hemos experimentado esto en algún momento de la vida, es decir las consecuencias de haber hecho los cambios a tiempo.

Los cambios que tenemos que hacer en nuestro matrimonio se hacen desde Jesús y analizando primero nuestras áreas que necesitan cambiar en vez de tratar de tratar de cambiar a nuestros cónyuges.

Durante estos 21 días, hemos analizado muchas áreas de nuestra vida que tienen que ser cambiadas.

Después de estos 21 días ahora reconocemos que lo más importante es que debe haber un cambio en nosotros mismos, y en nuestro corazón.

Antes de esperar que nuestro cónyuge cambie, tomaremos nuestra responsabilidad, somos una obra en construcción, Dios como arquitecto y escultor de nuestra vidas, no ha terminado su obra en nosotros, aun sigue edificando.

> *"No solo escuchen la Palabra de Dios, tienen que ponerla en practica. De lo contrario, solamente se engañan a si mismos. - Santiago 1:22*

Dejemos que Dios obre y colabore en nosotros, permite trabajar en nosotros. Que nuestros matrimonios se formen fuertes, y que los cimientos sean fortalecidos como nuestra relación con El.

Esto solo se logrará solamente cuando decidimos buscarle incesantemente en oración. Dios hará la mayor parte, nosotros solamente procuremos estar cerca de su corazón.

Dios nos ama tal como somos, pero nos ama demasiado como para dejarnos como estamos.

Versículos para orar:

Mateo 7:24

Por tanto, todo el que me oye estas palabras y las pone en practica es como un hombre prudente que construyó su casa sobre la roca.

Efesios 3:17

Para que por fe en Cristo habite en sus corazones. Y pido que arraigados y cimentados en amor.

Isaias 41:10

Así que no temas, porque yo estoy contigo, no te angusties, porque yo soy tu Dios. Te fortaleceré y ye ayudaré, te sostendré con mi diestra victoriosa.

Salmos 27: 13-14

Pero de una cosa estoy seguro; he de ver la bondad de Dios en la tierra de los vivientes. Pon tu esperanza en el Señor, ten valor, cobra animo, pon tu esperanza en el Señor.

Tiempo de Oración

Acompáñame a orar de la siguiente manera:

Padre Celestial oramos por nuestro matrimonio que sea edificado en la roca, tu eres nuestro cimiento, tu eres el edificador de nuestro matrimonio. Señor ponemos nuestro matrimonio cimentado en tu palabra. Con diligencia y esfuerzo buscaremos siempre tu palabra para edificar nuestro matrimonio. Gracias Padre en el nombre de Jesús. Amén.

Estos 21 días han sido toda una aventura, recuerda que lo mejor que puedes hacer por tu matrimonio es buscar a Dios en lo intimo y en lo secreto y fortalecer el habito de la oración.

Te reto a que después de estos 21 días, esto no termine, sino que hagas en tu vida un habito diario de oración.

Hay muchas cosas que están en juego en tu vida y en la de tu matrimonio, no dejes de orar.

Gracias por estar en estos 21 días, continua firme y fiel, sigamos orando en todo tiempo.

> **"Oremos como si todo dependiera de Dios y nos esforzaremos como si todo dependiera de nosotros."**
>
> **Agustin de Hipona**

Conclusión

Cuando realizamos numerosas acciones en nuestra vida, estudiar, hacer ejercicio, cambios de hábitos alimenticios, entre otras cosas, es indispensable contra con la disciplina necesaria.

El problema es que adquirir nuevos hábitos, o cambiar los que ya tenemos resulta muy complicado.

21 días son los que necesita un ser humano para acostumbrarse a realizar una tarea o adquirir determinado hábito. Durante estos 21 días de oración por tu matrimonio, iniciamos adquiriendo el hábito de la oración. El cual debe permanecer como algo que nos ayudara siempre.

El propósito de este reto es buscar a Dios como el centro de nuestras vidas y nuestros matrimonios. En este tiempo se nos fue revelado a través de la oración, los cambios necesarios que teníamos que hacer, primeramente en nosotros, y después en nuestros cónyuges.

Toma nota de los últimos consejos de oración para tu vida.

1. Orar a Dios constantemente. Hechos 10:2

2. Orar sin desmayar. A veces la razón de la oración es sacarnos de las circunstancias y muchas veces será para ayudarnos a atravesarlas. No te enfoques en querer salir del problema, sino que permite que Dios te transforme en medio del problema.

3. Pidan, y se les dará; busquen, y encontraran; llamen y se les abrirá la puerta. Mateo 7:7

Estos tres verbos no son algo que vas a hacer una sola vez, son acciones que se repetirán una y otra vez. Sigue pidiendo, sigue llamando, sigue insistiendo.

4. La mayor tragedia de la vida son las oraciones que no recibieron respuesta por qué nunca se llegaron a hacer.

5. Nunca subestimes el poder de la oración.

6. Dedíquense a la oración, perseveren en ella con agradecimiento. Colosenses 4:2

7. Comprométete a orar sin cesar por tu matrimonio.

8. Invita a tu cónyuge a orar, pero recuerda si el o ella no lo hacen, no dudes en hacerlo tu.

9. Mediante la oración, procuremos examinarnos a nosotros mismos y correr a su presencia para que Dios traiga sanidad a nuestros corazones.

10. Orar por otros matrimonio nos ayudara a salir un poco de nosotros mismos y ser de bendición a otros.

Este reto te servir solamente como una guía. Es mi anhelo que el Espíritu Santo te guíe cada día en tu vida. Mi oración es que seas sorprendido viendo milagros y transformación en tu vida y la de tu matrimonio.

Permanece siempre en la oración.

Con todo amor: **Carmen Arias.**

"Hablar con las personas sobre Dios es algo grande, pero hablar con Dios acerca de las personas es aún más grande."

E.M. Bounds

Bibliografía.

[1*] Morris, Robert y Debie. "Un matrimonio de bendición: Experimente el cielo en la tierra de su matrimonio" (2015).   Casa Creación: Gateway Church, Dallas Forth Worth, TX, USA.

[2*] Bowd, W.S: Bickle, Mike. "Devocional crezca en la oración / Growing in Prayer Devotional: Un viaje de 100 días" (2019). Casa Creación: International House of Prayer, Kansas City, USA.

[3*] Ricuci, Gary y Betsy: Thomas, Gary. "Matrimonio Sagrado." (2011). Editorial Vida: Second Baptist Church, Houston TX, USA.

21 Días Orando por Mis Hijos.

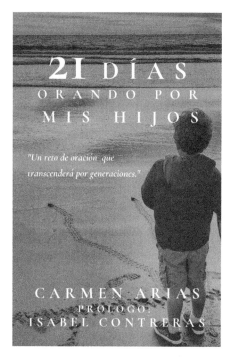

"Sin importar los errores que hayas cometido en tu vida como madre siempre hay gracia suficiente en Dios para cubrirlos. Lo cual también nos garantiza que Dios cubrirá la vida de nuestros hijos con su gracia redentora. No es tu esfuerzo, ni lo que hallas hecho bien o mal, en el pasado. Dios sostiene tu vida." - Carmen Arias

Made in the USA
Middletown, DE
30 April 2024

53676055R00116